U1007767

高校英语教学理论与实践

张丽超　邓　冰　宋方奇 ◎ 著

吉林出版集团股份有限公司

图书在版编目（CIP）数据

高校英语教学理论与实践 / 张丽超，邓冰，宋方奇著. -- 长春 : 吉林出版集团股份有限公司，2024.3
ISBN 978-7-5731-4694-6

Ⅰ. ①高… Ⅱ. ①张… ②邓… ③宋… Ⅲ. ①英语－教学研究－高等学校 Ⅳ. ①H319.3

中国国家版本馆 CIP 数据核字（2024）第 058316 号

高校英语教学理论与实践
GAOXIAO YINGYU JIAOXUE LILUN YU SHIJIAN

著　　者　张丽超　邓　冰　宋方奇
责任编辑　曲珊珊
封面设计　林　吉
开　　本　710mm×1000mm　1/16
字　　数　202 千
印　　张　13
版　　次　2024 年 3 月第 1 版
印　　次　2024 年 3 月第 1 次印刷

出版发行　吉林出版集团股份有限公司
电　　话　总编办：010-63109269
　　　　　发行部：010-63109269
印　　刷　廊坊市广阳区九洲印刷厂

ISBN 978-7-5731-4694-6　定价：78.00 元

前　言

高校英语是高校教育的一个重要组成部分，是我国高等教育体系中的重要构成因素，它对于提升大学生的英语综合能力、提升全民的英语素质以及向社会发展输送高素质的人才具有重要意义。随着社会的发展，社会对于人才的综合素质要求越来越高，高校英语教学模式的构建和改革迫在眉睫。传统英语课堂教学模式已无法适应新形势下的教学要求，需积极建构新教学模式理论并应用于教学实践，以改善目前的高校英语课堂现状。生态教学、翻转课堂教学、混合式学习以及多维互动教学等新型教学模式的提出与运用，改变了传统大学课堂沉闷、枯燥和被动的学习氛围，大大提升了大学生的英语学习与运用能力，对学生的身心与个性发展也极为有利。

多元文化背景下，社会对大学生的英语能力要求在逐步提高，大学生不仅要具备一定的英语基础知识，更要利用英语语言和文化知识实现跨文化交际，因此高校英语教育教学也应当顺应市场的变化进行创新和变革，构建以学生为本，实事求是，理论和实践相结合的科学教学模式。如何进行英语教育系统的改革和教学方法的创新，建设符合新形势下的教育体系，并提升学生英语学习兴趣和英语综合实践能力，实现英语教学效果和目标，是当代高校英语教育研究者必须思考的问题。

本书在写作过程中得到了众多学者的支持和鼓励，同时参考和借鉴了相关专家、教研人员的研究成果，在此表示诚挚的感谢！由于时间紧促，书中难免存在疏漏和不足之处，诚望广大读者批评指正。

张丽超、邓冰、宋方奇

2020 年 3 月

目 录

第一章　高校英语教学概况

第一节　英语教学概述

高校英语教学是一种建立在一定理论基础上的科学性教学。然而，由于研究者的思想不同，对理论研究的侧重点不同，最终形成的理论对英语教学有不同的影响。本节从哲学理论、语言学理论和心理学理论三个方面，对现有的英语教学理论进行了概述和总结，从而对英语教学实践发挥理论指导作用。

一、英语教学的语言学理论基础

历史比较语言学主要研究和比较各种语言的语音、词汇的语法形态结构的变化和发展历史，以便获得各种语言的相同和不同的构造语系。历史比较语言学研究认为，各种语言起源于一种始源语言，或是源于原始人类的喊叫，或是对自然界声音的模仿，或始于身体各部位的动作，或是对客观事物的象形。英国学者琼斯于1786年一次演说中提出，拉丁语、希腊语与梵语的词根和语法结构形态很相似，它们都源于同一始源语，并由此得出各种语言可以相互翻译的结论。[①] 由此，历史比较语言学就成了翻译法的理论基础，同时开创了语言学成为外语教育教学理论基础的先河。为此，外语教学法的研

① 琼斯：“亚洲学会年会”，《三周年演说》，1786年版2月2号。

究与教学也开始关注语言学理论对外语教学的指导意义，并力求从语言学理论中寻求外语教学的理论基础。

（一）语言与言语

德国哲学家、语言学家洪堡特曾在《论人类语言结构的差异及其对人类精神发展的影响》中指出，语言是人脑内在的一种结构，是说话者的智能部分，是大脑的一种创造性的能力。① 人们能运用有限的语言手段创造出无限的语言行为。他还提出语言的概念，认为语言是一种外显行为。著名的瑞士语言学家索绪尔强调语言在社会中的作用，语言在人类生活中的作用及以人们是怎样运用语言的。他的学生根据他讲课内容整理出版了号称"语言学领域哥白尼式革命"的语言学论著《普通语言学教程》，在该书中，索绪尔首先用法语区分了语言和言语这两个既不同又相对应的核心概念。语言学界对这种区分予以高度的评价，认为区分语言和言语两个相对应的术语，对语言学研究语言本质特征做出了重大的贡献。因为区分语言和言语这两个概念，是最能体现语言本质特征的。

1. 语言

语言等同于语言体系。作为代代相传的一种体系，语言包含语音、词汇、语法结构规则，是一种潜于人的头脑中（或语言社团中）共有的一种抽象的和稳定的体系，是内在于大脑中的一种语法系统或一套普遍规则。因此，语言具有社会性的特征，它决定每个人听、说、读、写的具体形式。

2. 言语

言语是指语言运用，是指语言"运用"的范畴，是人们说出和听到的话，

①洪堡特:《论人类语言结构的差异及其对人类精神发展的影响》，钱敏汝译，陕西人民出版社，2006 年版。

是人们写出和理解的内容。言语是人们说话表达内容时的内在心智符号和心理生理机制相组合的外化结果。也可以说，语言是语句的产出、表达和运用。言语就是运用语言或语言运用，是表现出来的具体内容。它反映讲话人的特点，并与具体的情境或环境、语境和情意紧密相连。因此，语言常因时因地而无限动态地变化。相对于语言来说，言语具有具体性和变化性等特点。语言和言语既有区别，又有联系。语言是言语的形式，它有三个要素：语音、词汇和语法。言语是语言表达的内容，是听到和说出的话语，是运用语言表情达意。这是语言与言语的区别特征，但语言与言语又是紧密联系的两个方面。言语，是一个言语社团说出的话和内容；语言，是从言语中归纳出来的结构形式。一个言语社团说出的话的总和，就是该言语社团的语言。

（二）语言结构与实际话语

美国描写主义语言学和结构主义语言学的代表人物有博厄斯及其学生萨丕尔，他们对美洲印第安人百余种土著语言的描写，开创了描写语言学和结构语言学的先河。布龙菲尔德的《语言学》[①] 标志着结构主义语言学的诞生，且并在 20 世纪 30 年代初至 50 年代末，这一学派成为世界上占统治地位的语言学流派。布龙菲尔德完全赞同索绪尔把语言区分为语言和言语两个方面的观点，并根据这一观点，把语言区分成语言结构和实际话语两个因素。

1. 语言结构

语言结构的特征对社团来说都是一样的，是语音、语法范畴和词汇等组成的一个严格系统。语言系统是一个语音、词汇、语法习惯的稳定结构，是一个语言社团可能说出的话的总和。

---

① 布龙菲尔德：《 语言论》，袁家骅等译，商务印书馆，1980 年版。

2. 实际话语

实际话语（即言语）的特征是语言系统未固定的方面，各方面均不相同，而且在系统的特征上都是因时因地和因具体情境无限变化的。实际上，布龙菲尔德描述的习惯的、稳定的和严格的语言结构系统与实际话语的区别特点，与索绪尔的语言与言语的内涵完全一致。

（三）语言和言语行为

英国哲学家约翰·奥斯汀把说出的语句分成三种言语行为。一是说出语句行为，主要是指用语言组成的声音，构成符合语法的句子或表达事物意义的综合体来完成的行为。二是用语言做事行为，是指在特定的语境中、特定的条件下，抱有特定的意向说出语句来完成的行为。[①] 三是用语言取效行为，主要是指用语句完成事件并取得效果的行为。奥斯汀的学生塞尔在这基础上又补充了第四种行为：命题行为。他认为，用语言做事包含命题和言外之力。词意面、句面意义和言外之意是紧密联系的。所以，说出语句时，四种行为——说出语句行为、用语言做事行为、命题行为和用语言取效行为，是同时实现的。

塞尔根据用语言做事行为的四个条件（或四条标准），进一步对用语言做事行为进行分类。这四条标准，一是基本条件，即说出语句的意向（目的）。二是真诚条件，即呈现出的心态。三是先决条件，即合适的方向，语句与世界的关系。四是命题条件，即命题。他还根据这四条标准把用语言做事行为分成五类。[②]

（1）断言行为：指描述世界上的状况或事件的言语行为，诸如 assert、

①J. L. 奥斯汀：《如何以言行事》，商务印书馆，2017 年版。

② 约翰·塞：.《言语行为 语言哲学论 英文版》，涂纪亮导读，外语教学与研究出版社，2001 年版。

state、affirm、deny、report、conclude 等。

This is a Chinese car.（assert）

（2）指示行为：指具有使听话者做某些事的功能的言语行为，诸如 suggestion、order、request、command、demand、ask、insist 等。

Why don't you close the window? (suggestion)

（3）承诺行为：指说话者将承担做某些事的言语行为，诸如 promise、swear、threat、guarantee、offer、pledge 等。

I will take you to the movies tomorrow. (promise)

（4）表达行为：指说话者表达对某事的情感和态度的言语行为，诸如 thank、apologize、congratulate、complain、welcome、deplore 等。

Thank you for help. (thank)

（5）宣告行为：指改变某事状况的言语行为，诸如 name、define、declare、resign、nominate 等。

I now pronounce you man and wife. (declare)

奥斯汀和塞尔提倡的言语行为，在语言教学和教学大纲设计中常被用作语言功能。索绪尔、奥斯汀和塞尔对语言和言语区分的观点基本相似。他们都把言语看作是说话，是语言运用，是听、说、读、写运用语言，但是后者把说话进一步看作是言语行为，是用语言做事的行为。

（四）语言行为潜能和实际语言行为

以捷克语言学家马泰休斯、波兰社会人类学家马林诺斯基、英国语言学家弗斯及其学生韩礼德为代表的英国社会语言学派即功能语言学派，把语言看作社会现象，是人类生活的一种方式，是人们社会活动的有机组成部分。

由此，他们跳出了语言形式研究的局限性。

韩礼德根据言语行为理论，进一步发展研究语言功能理论。正如韩礼德所说："语言学……应关注……言语行为或文本，只要通过使用语言，即所有的语言功能的研究，那么所有意义部分就凸显成为中心"。[①] 言语行为是用语言做事，语言功能是指有意义地使用语言，也指用语言做事。语言功能实际上就是言语行为。韩礼德描述了儿童学习使用母语时的七个基本语言运用功能。

（1）工具功能：用语言取物。

（2）调节功能：用语言控制他人的行为。

（3）互动功能：用语言与他人互动。

（4）个人功能：用语言表达情意。

（5）启示功能：用语言学习和发现。

（6）想象功能：用语言创造一个想象的世界。

（7）陈述功能：用语言交流信息。

韩礼德选用语言行为潜能和实际语言行为两个概念来替代索绪尔的语言与言语和乔姆斯基的语言能力与语言运用的概念。三人在言语问题上的观点基本上是一致的，他们都认为，言语是说话者实际说出的话。韩礼德对语言问题则有自己独特的看法，他认为，语言不是一种"知识"方式，而是一种"做事"的方式，是说话者在语言和文化上选择的范围。语言是说话者"能做"的事，言语是说话者"实际做了"的事。言语要得体，要根据特定的时间、地点、人物，来确定怎么说、说什么话。人们可通过语境变化、交际文体差异、交际双方的社会身份和关系来预见用语言做事。

① 韩礼德：《韩礼德应用语言学自选集》，外语教学与研究出版社，2015 年版。

（五）语言与交际能力

英国社会语言家海姆斯基于言语行为理论和功能语言学理论提成：语言功能是语言行为，是用语言做事，对比区别乔姆斯基的“语言能力”，首先确定了交际能力的概念。海姆斯认为，一个获得交际能力的人，必须获得语言知识和使用语言的能力。①

海姆斯和威德森等认为，语言是为了交际，作为语言知识的语言能力则是交际能力的一个组成部分。②一个获得交际能力的人，他必须既获得语言知识又获得使用语言的能力。他运用掌握的语言知识，造出了适合语法的句子，还运用掌握的语言规则非常得体地使用语言。因此，如果不懂使用规则，只是单纯地掌握语法规则，也是没有用的。交际能力的四个特征表现如下。

（1）能分辨并造出适合语法的句子。

（2）能判断语言形式环境并在其中得体地使用语言。

（3）能在实际的语言环境中非常恰当地使用语言。

（4）能清楚语言是实际交往中常用的和受限定的。

海姆斯提出的交际能力实际上包含了语言知识和语言运用两个方面，并规范了它的可接受性、可行性、适合性和实用性的四个特征（或四个标准）。由于交际能力的定义不存在一个具体客观的标准，因此海姆斯的交际能力的四个特征并未达到公认的权威性和科学性，也未能为社会语言学家、功能语言理论提倡者所一致接受。

《牛津语言学词典》中对交际能力是这样定义的：“一个说话者在一个

---

① 海姆斯：“论交际能力”《现代外国哲学社会科学》，1984 年版，第 9 期。

② 威德森：《 语言学 英文》，上海外语教育出版社，2000 年版。

社团中熟练地运用语言规则和惯例等的整套知识。”①20 世纪 60 年代后期，海姆斯以该概念区别乔姆斯基把能力概念限制在语法知识范围内的定义。

根据这个交际能力的定义，对比包括海姆斯在内的语言学家和语言教学法家所赋予交际能力的特征，可以清楚地看到如果把个别人的策略能力剔除在外，那么上述各家的特征基本上都包含在这条定义规定的范畴之内，而海姆斯和理查兹等人提出的四个特征，也更趋同于该交际能力的定义。因此，交际能力主要蕴含语言知识和语言运用两大因素。

（1）语言知识即语言能力，是指语言的语音、词汇、语法结构和使用语言规则的知识，以及用语言做事的功能等的知识。

（2）语言运用即社会语言能力和语用能力，是指运用语言实现交际功能的能力。

（七）知与行

1991 年 4 月美国总统布什签署的《美国 2000：教育战略》和 2002 年 1 月 8 日美国国会通过的《不让一个孩子掉队》法案，以及 1996 年颁布、1999 年修订公布的《迎接 21 世纪外语学习标准》中多次明确提出：外语教育的目标“要求学生完成知道什么和能做什么事的任务”。这与威德森提出的知和做两个概念是完全一致的。威德森说得非常简练和清晰，语言学习包含两个方面：知和做（或行）。知是反映知道语言知识，即语音、词汇、语法等语言结构的知识。做或行是指用语言做事，即言语、语言运用能力、言语行为、交际的能力和交际运用语言能力。其实，美国外语学习中知与行概念和功能的区分，与我国优良传统所强调的知行统一、学问思辨行的文化教育的理念不谋而合。

① 马修斯：《牛津语言学词典》，上海外语教育出版社，2000 年版。

二、英语教学的心理学理论基础

（一）主要的心理学理论

心理学原属哲学范畴，直到19世纪下半叶，它才脱离哲学成为一门独立的学科。在短短的一百年时间里，心理学获得迅速发展。从心理学成为独立学科起，它就对课程与教学产生越来越重要的影响，并成为外语教育、外语课程和教学的主要理论基础。回顾外语教育课程与教学的历史，它们的变换、更替、发展和创新无不打上心理学理论的烙印。先后对外语课程产生影响的心理学理论有：官能心理学、联想主义心理学、行为主义心理学、认知心理学、人本主义心理学等。

1. 官能心理学

官能心理学起源于古希腊的灵魂官能说和笛卡尔的心灵实体论的哲学观。它在一定程度上影响了欧洲文艺复兴时期的拉丁语外语教育。从17世纪至19世纪，西方学校教育以官能心理学为理论基础，始终把拉丁语、希腊语、阿拉伯语等古典语言作为训练心灵的最佳学科。

官能心理学的创始人是沃尔夫。他认为人的心灵可划分为不同的官能，它们是可以单独加以训练发展的。而繁杂的古典语言拉丁语的文法是训练学生记忆能力和促进逻辑思维能力的理想材料，通过讲解、操练语法规则，阅读、翻译课文和原著可以达到发展学生智慧的目的。外语课程翻译结构形态及后来教育中流行的形式训练说，都是在官能心理学的理论基础上发展起来的。

2. 联想主义心理学

在心理学史上，英国哲学家洛克第一个提出了“联想”这个概念。早期的联想主义认为，人类是通过经验获得知识和观念的，学习是由观念联想构成的。

桑代克是用动物进行实验研究的代表人物之一，他用饥饿状态下的猫进行了动物学习的实验，揭示了动物式学习的过程。在他看来，人与动物的学习方式无异，都是刺激和反应联结的加强，无须意识参与，不过人类的学习方式可能要复杂些。他根据实验的结果，提出了准备律、效果律、练习律等学习定律。外语课程中的直接法主张外语的词语与实物、行动之间建立联想关系，这种情境结构形态的联结也深受联想主义心理学的影响。其代表人物斯威特认为，语言的整个学习过程是形成联想的过程。英国语言学家帕默也认为语言学习是形成习惯和自动化的过程。

苏联的巴甫洛夫用狗做了经典的条件反射作用的实验。实验结果认为，条件反射是在非条件反射基础上形成的暂时神经联系，使动物适应生活环境的变化，如果暂时神经联系获得进一步巩固，就会形成动力定型，养成自动化的习惯。晚年他还创建了两种信号系统学说：第一信号系统学说（以具体事物为条件刺激）和第二信号系统学说（以词语为条件刺激）。两种信号系统学说认为，词语第二信号系统与具体实物第一信号系统一样都能引起动物条件反射。外语自觉对比法依靠本族语的原则就是建立在已有的母语第二信号系统的理论基础之上的。

3. 行为主义心理学

行为主义心理学是20世纪上半叶在北美乃至世界各地占统治地位的心理学流派。华生是行为主义心理学的奠基人，他把行为而不是意识当作研究的客观对象，否定人的意识作用，认为人的学习行为，包括情绪反应，是“刺激反应联结”的结果。

行为主义心理学在 20 世纪 20 年代有了新的发展，其中有影响的代表人物是托尔曼、赫尔、奥斯古德等。他们认为在刺激与反应之间存在着中介变量，而以斯金纳为代表的新行为主义影响最大，他用白鼠和斯金纳箱做实验，除了证明经典条件作用应答性的行为学习之外，他还首创了操作性条件作用的原理，而操作性条件作用模式又是可用来解释基于操作性行为的学习行为。他称此为“强化类条件作用”，并用公式表示：刺激（S）—反应（R）—强化（R）。在他看来，言语行为同非言语行为一样，也是由一连串 S—R 联结和获得强化而形成的习惯行为。

联想和刺激、反应、强化是学习和记忆的基础，它们是听说法的理论基础。听说法认为，外语学习是形成一个习惯的过程，而习惯是通过刺激（S）—反应（R）—强化（R）来形成和巩固的。

4. 认知心理学

美国的乔姆斯基提出的理性主义猛烈抨击了语言学习经验主义的行为主义理论。他创立的转换生成语法理论认为，语言是受规则系统支配的语言，人类的绝大多数语言运用不是行为模仿，而是从隐含着的抽象规则中创造出新的句子，句子不是模仿和重复所得，而是由学习者的语言能力（内在的语言知识结构）转换而成。[①] 与此同时，认知心理学反对刺激、反应二元说，该学说认为在刺激和反应之间还存在有机体的思维活动（S—O—R），强调人的心理认识过程。此外，皮亚杰的新旧知识同化成新的结构 S—（AT）—R 理论，个体同化（A）于认知结构（T）之中的观点，布鲁纳的掌握知识的基本结构观点和发现法，奥苏贝尔的有意义学习等，都成了外语课程认知结构形态、交际结构形态和教学法体系的认知心理学的基础理论。

① 诺姆·乔姆斯基：《句法结构》商务印书馆，2022 年版。

5. 人本主义心理学

人本主义心理学的代表人物是马斯洛和罗杰斯。此理论产生于 20 世纪 60 年代的美国。人本主义心理学是当时盛行的行为主义心理学派和精神分析学派这两股思潮相对抗的结果。由于它不同于两股心理学思潮，所以称“第三思潮”或“第三力量”。它认为行为主义是机械的，忽视人的情感反应，而弗洛伊德心理学则过分强调人的无意识情绪，怀疑个人动机。与此两股思潮相反，马斯洛强调人的主观活动，第一次把“自我实现”和“人的潜能”引入心理学。以人本主义心理学为基础的教育是以“人的能力的发展”为目的，期盼把人培养成自由的人，达到实现自我价值的目标。这意味着人格的其他部分发展成长与智力发展同等重要。这样的人是知行合一的人，是完整的人。学生是作为完整的人而存在的。人本主义心理学强调认知与情志的统一，形成自我实现的人格。由此可见，学校教育要以学生的发展为中心，强调学生的实践，防止抑制学生学习中的身体活动、认知能力和语言活动，并且发扬学生之间、师生之间的探究合作，发展良好的人际关系，营造一种宽松的心理氛围。这些学说无疑给传统的教育思想带来了极大的冲击，也向教师提出了严峻的挑战。

人本主义心理学的思想影响了 20 世纪 70 年代的外语教育。在此期间，外语教育领域先后出现了一系列外语课程结构形态，如社团学习法、沉默法、暗示法、全身反应法、自然法。

（二）心理学的知识观对英语课程与教学的作用

知识问题是教育的基本问题，也是现代心理学讨论研究的基本问题，什么是知识？知识有哪些类型？学习者怎样获得知识？对这些问题的认识直接影响着学校教育的课程形态、教学特点、学习方式和评价方式。笔者从现代心理学知识点的角度，探讨其对我国英语课程与教学的作用和影响。

1. 心理学的知识观

我国教育对知识的定义是从哲学认识论的角度来进行描述的："所谓知识，就它反映的内容而言，是客观事物的属性与联系的反映，是客观世界在人脑中的主观印象。就它反映的活动形式而言，有时表现为主体对事物的感性知觉或表象，属于感性知识；有时表现为关于事物的概念或规律，属于理性知识。"① 知识是"对事物属性与联系的认识，表现为对事物的知觉、表象、概念、法则等心理形式"。②

认知心理学（信息加工心理学）、心理语言学则是使用信息加工理论来定义知识的。知识是"个体通过与其环境相互作用后获得的信息及其组织，被储存于个体内，即为个体的知识；通过书籍或其他媒介储存于个体外，即为人类的知识"。它与传统知识观从哲学认识论角度研究知识不同，认知心理学、心理语言学侧重研究的是个体习得的知识的性质、类型及获得的过程与条件。它不仅研究知识如何被储存和提取，还研究知识如何被应用。认知心理学区分了认知领域的知识，即复述性知识、流程性知识及方法性知识。

复述性知识是个人能够提取线索，能直接复述信息来回答"是什么、为什么、怎么样"的问题，可以用语言来表达和传递，如，英语单词的意思，现在进行时的概念、构成形式、意义和用法等。

流程性知识也称智慧技能，是指个人在无意识的情况下提取线索，所以

① 中国大百科全书出版社编辑部:《中国大百科全书 教育》，中国大百科全书出版社，1985年版。

② 顾明远：《 教育大辞典 第 1 卷》，上海教育出版社，1990 年版。

它的存在只能借助某种形式间接推测而形成知识。如，能用动词的适当形式完成句子、概括课文主旨等都表明该学生具备了相应的程序性知识。

方法性知识也称认知策略，是一种特殊类型的程序性知识，主要用于调控自身认知过程，以提高学习效率。如，为了记忆一个英语单词，学生可运用联想、构词法、同义、反义、组词等不同的策略。

我国教育知识观中的知识相当于认知心理学中的一种陈述性知识，主要是核心的事实和概念，只涉及知识的储存和提取，是一种记忆性知识，而技能与能力是需要单独培养的。

2. 心理学知识观对英语课程与教学的影响

（1）心理学的知识分类与英语课程的目标框架

在英语学科中，课程的目标体系不仅需要体现学科特点，还需要反映课程改革的总体指导思想。

其实，课程不仅要关注认知领域（陈述性知识和程序性知识），夯实知识与技能基础，还需要将目光投向交际运用语言能力（也属于程序性知识）、人的思想情感和伦理道德品质、信念，甚至需要关注智力、个性发展，关注跨文化知识与能力和自学能力的培养，旨在体现学生全面发展的价值取向。外语课程的建设、发展和实施的目的在于恢复英语学科本身的多元价值，拓展与深化英语学科的教育功能，使学生在发展英语素养的同时，发展智慧能力、情感意志、思想文化、自学能力，并形成积极正确的思想观念。这不但体现了语言学科工具性和人文性的学科性质，还反映了学生全面发展的素质要求。

（2）英语教科书中的知识类型与教师对教科书的理解和使用程度

由于教科书自身固有的话语体系和话语方式，教科书内容比较容易呈现出陈述性知识，在提示程序性知识方面有一定的局限性。传统教科书受“学科中心”和“教科书中心”思想的束缚，过分强调英语学科的知识体系（语法、结构等）或陈述性知识。改革开放以来，新的英语教学大纲、课程标准、英语教科书试图通过一些言语活动和语言活动的设计来提示教师，为陈述性知识向程序性知识的转化提供了多种可能。但是，教科书的编写也存在一定的“拿来主义”现象。另外，教科书只是教师进行教学的工具和辅助材料，教科书中的活动或练习未必都能适合教师自己的英语教育教学情境，不假思索地照本宣科，不但达不到两类知识的转化目标，还可能因知识缺失而挫伤学生学习的积极性。如若教师心中只有交际能力和跨文化交际能力培养，那么使用教科书就会忽视夯实双基，其结果会导致学生要么只关注英语知识，要么只重视发展跨文化交际能力，以致忽视了英语素养的提升和人的全面发展。

（3）英语教学要重视知识类型之间的转化

教师在教学中起主导作用，这个“导”主要是指引导。从现代心理学和心理语言学的信息加工理论知识观的角度，教师主“导”主要体现在教师引导学生掌握陈述性知识、程序性知识、策略性知识及各类知识之间的相互转化过程上。

在英语教学中，过去人们只重视语音、语法、词汇等语言知识的教学，教师偏重演绎式的讲解和传授，学生机械地死记硬背，结果学生记了一大堆的语言知识却不知怎样应用。学生的技能（听、说、读、写）学习也是畸形发展、残缺不全，听、说训练完全被忽视，造成了普遍性的“聋子”和“哑巴”现象，即便最受重视的“读”，也只停留于字面意义的理解，缺少思维的深层意义和文化含义的深度挖掘，而对于阅读技能和策略的学习则更是少有问津。至于“写”，则是不到应考冲刺阶段不练习，原因是担心其挤占原本有限的知识教学时间。当然，造成这种现象的原因是十分复杂的，但从心理学的知识来看，这反映了对陈述性知识的过分重视，而对程序性知识的片面理解和对策略性知识的漠视。

21 世纪以来，在二语习得“用中学、做中学”“在交际中培养交际能力”的影响下，强调培养学生交际能力、跨文化交际能力和外语思维能力，却淡化了语法知识的学习，忽视了语音、词汇、语法知识的学习和操练，结果学生在语言使用中出现大量的知识性错误，又未得到及时纠正。另外，由于缺少语言扎实的双基基础，学生的“用”“做”也变得畸形，交际能力或跨文化交际能力也难以呈现。

（4）英语教师要重视知识转化

针对我国英语教学中的问题，教师需在促进学生知识转化问题上有所作为。

第一，从陈述性知识向程序性知识转化。在陈述性知识如何向程序性知识转化的问题上，关键是陈述性知识的程序化。美国认知心理学家安德森曾对“程序化”问题做过阐述，这一过程的核心是陈述性知识的技能化或能力化、程序化或自动化。在英语学科中，必要的语言知识是学生形成语言运用能力的基础，但仅掌握语言知识是不够的，它必须经过大量的练习和运用才能使其程序化，才能转化为语言技能和交际运用语言的能力（程序性知识）。以英语现在进行时的教学为例，如果学生掌握了进行时的概念和构成形式，但在实际交际情境中却不知其意思，也不能理解和运用，这就说明它缺乏一个程序化的过程。因而，教师必须增加变式的练习，随着练习的增加，陈述性知识就能转化为程序性知识，最终形成自动化的交际技能，这时，学生就不用死记硬背那些语言知识，也能进行初步交际了。

第二，从流程性知识向陈述性知识转化。语言学习不仅能从陈述性知识转化为程序性知识，还可以反向运行，即在使用程序性知识过程中加深对概念的理解，获得新的陈述性知识，实现程序性知识向陈述性知识的转化。为此，在交际过程中教师可以明示某些陈述性知识，让学生通过有意识的重构，将程序性知识转化为陈述性知识。如果没有这一步，很多学生虽然能在交际中流利表达，却漏洞百出，长此以往，就会导致语言的“石化现象”。为防止这一现象发生，约翰逊也提出程序性知识必须“陈述化”，如，目前中小学使用的教科书大多优先培养学生的听、说能力，教师须在学生掌握了一定的程序性知识后使陈述性知识明晰化，才能让学生重新认识学过的知识，以增强他们的语言意识，防止出现“课上兴高采烈，考场黯然神伤”的现象。当然，掌握陈述性知识不是教学的终极目标，学生在理解知识、结构和概念后，还可以进一步在创设的或真实的交际情境中广泛应用，以达到对语言形式的自动化运用。因此，知识转化不一定是陈述性知识向流程性知识的单向运行，也可以是两种知识的双向转化。从陈述性知识向程序性知识转化和从程序性知识向陈述性知识转化代表了两种不同的学习路径，它们本质上无优劣之分，更多的是互为补充。选用何种路径受到各种因素的影响，理想的学习效果是两者并用。

第三，程序性知识和策略性知识之间的转化。策略是一种特殊的、技巧性的程序性知识。如，学生在运用知识进行听、说、读、写过程中，都会有意或无意地使用单一的技巧性策略，这种策略实际上就是一种关于如何有效交际的程序性知识。学生学习英语不仅要从陈述性知识（语言知识）向程序性知识（听、说、读、写）转化，也要学会从一般的程序性知识向策略性知识转化，以提高运用语言的效率，如，在英语阅读中，学生针对不同的阅读目的和任务采取不同的阅读策略，为了了解文章大意进行浏览阅读，为捕捉具体信息而采用跳读策略，对生词也可实施多种猜词策略。一方面，教师要在学生掌握一定语言知识的基础上，逐步培养学生的阅读能力。通过大量阅读练习，学生能获得阅读的策略性知识，从而实现程序性知识向策略性知识的转化。另一方面，教师可有意识地训练学生的这种策略意识，以提高学生运用语言（程序性知识）的能力和效率。

还有一种策略虽然不涉及学生的认知过程，却对学生学习起着自我管理和自我监控的作用，那就是元认知策略，它在一般意义上回答了如何更有效地学习，并对自己的学习过程进行调控的问题。如，明确自己的学习目标、制订学习计划，以把握学习机会，反思经验与不足，总结有效的学习方法和进行自我评价等等。

总之，策略性知识不仅可以帮助学生提高学习的效率，让学生学得轻松，学得高效，还有利于学生进一步了解自己、管理自己，使学生最终成为具有较强自学能力的自主学习者。

综上所述，从现代心理学和心理语言学知识观的视角看英语课程与教学，不仅有利于识别英语课程、教科书，以及教学中不同的知识类型，还能使教师认识到不同知识类型之间的连续性及其相互之间的转化，从而使教师更加辩证地看待英语教学中的知识、技能和能力之间的关系问题。

（三）默会知识和外语课程与教学

1. 默会知识论

（1）明确知识和默会知识

1958 年，英国科学家和哲学家波兰尼在《个人知识》一书中明确区分了

“明确知识”和“默会知识”：“人类有两种知识。通常所说的知识是用书面文字或地图、数学公式来表述的，这只是知识的一种形式。还有一种知识是不能被系统表述的，例如，我们有关自己行为的某种知识。如果我们将前一种知识称为明确知识的话,那么我们就可以将后一种知识称为默会知识。”①

明确知识是能够通过语言、文字或符号等方式表达出来的知识，其他类型的知识则为默会知识。默会知识是一种不能明言的知识，它“只能意会，不可言传”，人们在日常生活中都能感觉到它的存在。从数量上看，它甚至超过明确知识。相比默会知识，明确知识犹如冰山一角，而大量的默会知识则隐藏在冰山底部。

波兰尼不仅强调默会知识的存在，还强调默会知识的优先性。心灵的默会能力在人类认知的各个层次上都起着主导性的作用。任何通过语言和其他符号呈现的明确知识都依赖默会知识的存在，都必须有默会知识的支撑，人类的认知过程本质上是默会的。无论是明确知识还是默会知识，都是物质世界和现实社会生活在人的意识观念中的反映。因此，在外语课程与教学中，教师要关注明确知识，更要重视默会知识。

（2）默会知识具有个体性特征

波兰尼的默会知识论强调认识和认识主体的不可分割性，反对“没有认识主体的认识论”，反对人的“淡出”。默会知识是一种个人知识。在明确知识学习过程中，对知识获得起作用的是默会知识。学习者接受明确知识的程度或结果取决于本人能否用自己的默会能力赋予语言、符号以意义，取决于本人能否充分发挥主观能动性和创造性。主观能动性和创造性对同样的知识会赋予不同的理解。很难想象，没有个体默会的“协同性因素”，这种理

① 迈克尔·波兰尼：《个人知识》，贵州人民出版社，2000.年版。

解会如何得以产生。

作为一种不能明言的知识，默会知识还具有一系列与明确知识不同的特征，主要有非逻辑性、非公共性、非批判性、情境性和文化性。

2. 默会知识论对英语课程与教学的启示

传统教育过于注重学习书本知识或明确知识，教学就是教师传递书本知识和发展技能、能力的过程。学校教育的一切，如教育目的、内容、过程、方法、评价，都围绕着课本知识进行。默会知识似乎不是真正意义上的“知识”，也不是有价值的知识。由于其获得的偶然性和随意性及不同于明确知识的传播途径，它不易为学校教育所重视和支持。默会知识在传统教育中没有合法地位，学校教育从根本上忽视默会知识的存在和作用。而波兰尼提出的默会知识论，为研究教育问题提供了一种新思维。他让人们认识到，学校教育中不仅存在着大量的明确知识，还存在着大量的默会知识。“从类型上看，既存在着教师的默会知识，也存在着学生的默会知识；既存在着有关具体的教学内容的默会知识，又存在着有关教授和学习行为的默会知识，还存在着有关师生交往和学生之间交往的默会知识；既存在着与语言知识学习有关的默会知识，又存在着与社会知识学习、自然知识学习等有关的默会知识；既存在着与教学过程有关的默会知识，又存在着与教学空间有关的默会知识；等等。默会知识论的价值不仅在于它区分了两种不同类型的知识，更在于它论证了人类认知过程的默会本质，由此拓展了人们对知识复杂性的认识，从而改变了知识只有以明言方式传递才是合理的看法。”①

如果说波兰尼从认识论的角度论证了默会知识，而心理学家则通过心理学实验和分析证实了内隐学习的存在。有关默会知识（隐性知识）的研究已

① 迈克尔·波兰尼：《个人知识》，贵州人民出版社，2000 年版。

经明确无疑地显示，人类可以在无意识努力的情况下学习知识，并且这种学习似乎大有潜力。这一研究结果激发了人们的想象，激励教育工作者将理论运用于学校教育的实践，其应用前景十分广阔。

语言学习是一个反复实践的过程，仅靠明确知识的学习不足以达到运用语言进行人际交流的目的。学习者必须依赖默会知识理解明确知识，并且通过大量的语言实践发展学习默会认知的能力。从默会知识论角度看待英语教学，可得到如下启示。

（1）关注学生的默会知识，凸显学生个体的主体性

传统的教学只重视明确知识的传递过程，教师把自己定为知识“传递者”的角色，将学生视为“无知”的知识接受体，学生个体的默会知识完全被忽视。教师应该认识到，学习者来到课堂不仅带来了眼睛、耳朵和嘴巴，还带来了各自的默会知识。他们身上存在着一系列影响个体学习知识的“个体协同性因素”，包括个体经验、情感、判断、评价、想象、理智、激情、信仰或者困惑、责任、良心等。尽管这些知识的存在是隐性的、不明确的或不完善的，但对于学习者的学习具有支撑作用。教师不仅要认识到这种默会知识的存在，还要发现并研究它们。

教师教学时必须将学生不能明言的默会知识纳入考虑范围。教科书呈现的一般都是明确知识，学生依赖自己的默会知识对教科书内容进行各自独特的理解、阐释、综合和运用。默会知识具有个体性特征，学习者接受明确知识传授的结果取决于本人能否用自己的默会能力赋予明言符号以意义。学生是学习认知的主体，因此，教师在研究教科书内容、结构及教学方法的同时，必须考虑：学生已经掌握了哪些明确知识？学生在相应问题上可能采用哪些默会认识模式？学生由于生活背景、学习经验和文化背景的差异，其英语学

习的默会知识和默会认识也有所不同，如何帮助学生显现默会知识和默会的认识模式，并对它们进行检验、反思、修正和利用？例如，教师在引导学生阅读篇章时，应对学生具备的知识有所预测。教师不仅要善于调动和利用学生的默会知识对文章中的知识、内容和结构进行理解，还要引导学生进行合理的猜测、推理和判断。当学生因文化背景不同导致其默会知识干扰了他们的正确理解时，教师也要给予一定的修正。总之，教师要善于挖掘和利用学生的默会知识，使深藏于冰山之下的默会知识对学习明确知识发挥积极的作用。

（2）提供大量“理解性输入”，促进语言学习和习得

克拉申曾经提出“输入假设”，认为学习者提供大量“理解性输入”有助于语言习得。他区分了语言“习得”和“学习”两个概念，认为习得是在非正规教学（自然环境）中无意识地获得语言能力的过程，而学习是在正式教学中有意识地学习语言规则的过程。尽管克拉申提出的：学习是习得之果，而非习得之因，学习不能导致习得，的观点过于片面，但在自然情景中无意间习得有助于在正式情境中的有意识学习。因此，自然的语言输入就显得十分重要。如果从默会知识论的角度来看，习得强调默会获得语言能力的过程，学习则是明确知识的接受过程，而且明确知识的接受也必须以默会知识为基础。克拉申十分强调语言输入（听和读）对语言习得的重要性，承认语言学习有一个“沉默期”，当输入进行到一定时候，学习者就可以自动地输出（表达）了。由此笔者认为，克拉申相信学习者用默会的认识方式来习得语言的运用能力，而学习者学习语言知识（明确知识）也必须借助他们的默会知识。不难看出，语言习得说也十分同意并强调默会知识。

“理解性输入”是指稍超出学生现有水平的语言输入，克拉申曾用“i+1”

加以说明。“i”指的是学习者目前的语言水平，“+1”则是学习者按习得顺序紧随其后的阶段，即稍超出目前水平的阶段。学生凭借一定的情境和语境、超语言信息以及有关世界的知识使理解得以产生，从而使学生从“i”阶段过渡到“i+1”阶段。这种看起来自然的理解过程正说明了学生默会知识的存在。因此，教师在课堂教学情境中应为学生提供足量自然的可理解性语言输入，让他们充分调用自己的默会知识，促进学生的内隐（默会）学习过程。默会知识本质上是一种理解力。因此，与传统的语言知识的灌输相比，让学生接受大量的语言输入以促进其默会学习的方式变得更为自动、自然，从某种意义上说也更为有效。

（3）为教学内容提供更多情境支持，提高学生的理解力

无论在语言习得前阶段，还是在明言表述阶段，默会知识都具有极大的影响作用。儿童以惊人的速度习得母语来实现人际交流及应对外部事件，这可归结于儿童默会的力量。而当学习者在母语环境中学习外语或第二语言时，由于缺乏足够的默会知识的支持，他们也就不能像运用母语那样自如地运用外语。

默会知识的作用启示人们，即使学生在语言学习初期，也不必先进行明确的语法知识教学，而应当通过提供适当的语言情境，促使学生运用默会的方式学习语言技能和习得语言运用能力。情境以整体的方式作用于人，人通过对情境的直觉把握和领悟，从而理解语言、运用语言。教科书中的知识多为明确知识，而明确知识的讲授必须根植于学生默会的理解之中。由于默会知识具有情境依附性特征，教师必须针对教科书内容设置丰富多样的情境，让情境自动地唤醒默会知识，促使学习者默会地理解语言和语言运用的规则，为教学内容提供情境支持，其本质目的是提高学生的理解和运用能力。

同时应认识到，无论承认与否，默会知识在教育教学活动中自发地产生影响。它对明确知识的影响既可能是正面的，也可能是负面的。我国学生学习英语的最终目的是能进行跨文化交际，而跨文化交际的障碍不仅来源于显性的社会规则，也来源于隐性的社会规则。人们的交际行为都受到根植于社会文化传统的潜规则的支配。因此，教师设置情境也要考虑到默会的社会、人文知识体系，使学生的默会知识体系得到检查、修正或应用，克服其对教学过程的消极影响。

（4）重新看待英语学习过程中活动和语感的价值

在英语学习中，有的学习者虽然能够十分熟练地运用英语，他却又不知道为何能够如此运用时，我们习惯上称他具有良好的“语感”。语感究竟为何物？其实，我们可将语感视为对语言的默会认知能力，是对语言的直觉把握和领悟。那么，学习者如何获得这种默会能力呢？

明确知识一般是通过正规的教育教学传播，为人共享，而默会知识的获得则主要通过经验来获得，即实践途径，这是波兰尼及其他研究者的共识。因此，教师不能忽视默会知识的存在。教育教学既要强调实践能促进明确知识学习，又要重视默会知识对明确知识的推动作用。英语教学也是如此：既要加强教科书中的练习或课堂中的语言活动，操练语言技能、巩固语言知识，也应重视默会知识对理解和交际的促进作用。如今英语教学界比以往任何时候都重视语感，但除了巩固语言知识、操练语言技能、提高语言运用能力以外，很少有人想到它有别的价值，这都是明确知识观在起作用。如果从默会知识的角度来看，活动或语感不仅能唤起学习者已有的默会知识和默会认知模式，帮助他们完成任务，还能通过人与人的交流和互动，检查、显现和修正各自的默会知识和默会认知模式，更为重要的是，活动过程中生成和发展了除明确知识以外的默会知识，激发学生的内在学习过程，这一过程实际上也是形成语感的过程。不但如此，这种默会的认知过程已经超出了语言学习的“语感”范畴，还拓展到与问题情境相关的默会认识模式以及情感、态度、信念和价值观念等。

第二节 高校英语教学改革历程与现状

一、中国现当代高校英语课程的演进

现代英语教学大体分为四个阶段：第一阶段是 1949 年至 1985 年的起步与摸索阶段，这一阶段的主要特点是高校英语教学的教科书、教学方法、教学要求等内容均尚不明确。第二阶段是 1985 年至 1999 年的规范与发展阶段，这一阶段的主要特点是高校英语教学走向规范、有序发展，制定并实施了全国统一的教学大纲，编写了高质量的教科书，探索了新的教学方法。第三阶段是 1999 年至 2002 年的调整与改革阶段，这一阶段的主要特点是高校英语教学为了适应学生日益提高的英语水平，为了满足社会需求，不断探索新的教学目标、教学任务；第四阶段是 2002 年至今的提高与深化阶段，这一阶段的主要特点是高校英语教学走向多元化、自主化的发展模式。

下面我们就每个阶段进行详细的介绍，以展示中国现当代高校英语教学的发展过程。

（一）高校英语教学的起源与探索阶段

1949 年中华人民共和国成立后，我国当时的高等外语教学主要工作重心在俄语教学上。到 1952 年我国高校院系调整时，全国有北京大学、南京大学、复旦大学、武汉大学等八所院校开设英语系。一直到1956年制定第二个五年规划时，中央才发现1952年的院系调整，过度减少了英语教学的覆盖率，其结果不利于吸收发达国家的科学技术和发展同西方发达国家的友谊，于是同年颁布草案决定扩大英语教学的覆盖率：高中英语课教学扩大范围、高等院校（特别是综合院校和师范院校）英语专业陆续恢复和增设，高校英语教学秩序也得到恢复。

1978年改革开放政策的实施，使得英语受到了越来越多的重视，高校英语教学工作走上正轨，教育部于1980年制定了第一个统一的高等院校教学大纲——《高等学校理工科公共英语教学大纲》。该大纲首次以政府文件的形式确定了英语在高校教育中的地位，结束了公共英语教学的无组织状态，提出了国家对高校公共英语课教学的统一要求。该大纲在实施过程中遇到了诸多困难，且教学对象仅限于理工科本科生，于是国家教委于1985年、1986年又先后颁布了文理工科用《高校英语教学大纲》，进一步规范高校英语教学。自此，我国的高校英语教学进入了一个有文件指导和约束的稳步发展时期。

（二）高校英语教学的规范与发展阶段

统一的教学大纲公布以后，我国高校英语教学有了明确的奋斗目标[①]，开始走上了有纲可依的规范化发展道路。以教学大纲为依据，陆续出现了《高校英语》（文理科本科用）[②]、《新英语教程》[③]、《大学核心英语》[④]等符

① 岑建君：《高校英语教学文理科大纲》，上海外语教育出版社出版，1986年版。。

② 李荫华：《高校英语》，上海外语教育出版社出版，1986年版。

③ 何福胜：《新英语教程》，清华大学出版社出版，1995年版。

④ 杨惠中主编：《大学核心英语》，高等教育出版社，1987年版。

合我国英语教学实际的教科书，并在实践中不断改编、修订，逐步受到了国内高校教师及学生的青睐，成为我国此阶段英语发展的主要教科书。

为了检测高等院校学生对英语基本技能的掌握情况，原国家教委于 1987 年开始实施全国高校英语考试。该考试分为两个等级，达到一般要求的为四级（CET4），达到较高要求的为六级（CET6）。作为一种大规模、标准化测试，全国大学英语四、六级考试（CET）（为 College English Test）不仅是对我国高校英语教学成果的一种检验，更对我国高校英语教学具有指导作用。通过标准化测试，教师不仅可以发现院校之间、院系之间、学生之间的不同情形，从而分类指导，还可以检测学生对英语的掌握情况，以便为英语教学与大纲的制定提供参考。事实证明，高校英语四、六级考试不仅对高校英语教学有着深远影响，在社会上也很受重视，很多用人单位把它作为衡量大学毕业生素质的一个主要指标。从这些方面来说，高校英语四、六级考试的设立是非常成功的。

（三）高校英语教学的调整与改革阶段

随着高校英语教学的发展，原有的教学大纲已不适合时代发展的需求。一方面，随着教学秩序的恢复、教学制度的完善、教育环境的稳定，我国小学、初中和高中的教育都获得了较大发展，英语更是获得了前所未有的重视，部分大城市甚至从幼儿园或小学三年级开设英语课①，社会办学的英语辅导班、兴趣班也迅速发展，其结果之一便是大学新生的英语水平较以往有很大提升，原有的教学大纲已不再适合新入学的大学本科生。另一方面，随着改革开放的深入和我国加入世界贸易组织，社会上对外语人才的需求急速增长，对应届大学毕业生的外语应用能力也提出了更高的要求，原有教学大纲已远远落

① 蔡基刚：《学术英语课程大纲与评估测试》，上海交通大学出版社，2018 年版。

后于时代需求。

鉴于此，国家教委高教司从 1996 年 5 月起，在充分考虑广泛的、多层次的社会需求的基础上，吸取了专家、学者、一线教师的意见后，于 1999 年将原来的理工科教学大纲、文理科教学大纲合二为一，制定了统一的《高校英语教学大纲》（修订本），这是“教学大纲的一大进步”。1999 年颁布的修订本教学大纲，强调学生的交际能力，并在继续强调阅读能力的同时，注重听、说、读、写、译的全面发展。在修订本教学大纲的指导下，一批内容全新的、理念先进的、体系完整的教科书逐步出版发行，比较具有代表性的是复旦大学和上海交通大学联合编写的《21 世纪高校英语》、浙江大学编写的《新编高校英语》、上海外语教育出版社出版的《高校英语》（全新版）和外语教学与研究出版社出版的《新视野高校英语》。这些教科书内容新颖、设计合理、时代感强、配套练习详尽，并配有多媒体课件及自学辅导书，受到了高校英语教师和学生的广泛好评。

与此同时，为了适应时代需求，高校英语四、六级考试自 1999 年 5 月起开始加入口语测试，以期全面提高学生的英语运用能力。口语考试的推行，使四、六级考试进入一个相对完善的新阶段，四、六级考试可以对学生的听、说、读、写、译等各项技能进行全面的鉴定，这在很大程度上推动了高校英语教学改革的进行。

需要指出的是，教育部 1999 年制定的针对全体非英语专业本科生的《高校英语教学大纲》（修订本），虽然认识到了听、说、写的重要性，但仍将阅读放在英语教学的第一位。中国外语教育家陈国华指出：“长期以来，我国的英语教育费时低效，一个重要原因就是重阅读而轻其他”[①]，他还认为

① 陈国华：《 当代语言学探索》，外语教学与研究出版社，2003 年版。

这是大纲落后于时代的一个主要表现。而且，这份教学大纲“受应试教学的影响，忽视听、说能力的培养，即使安排听、说课也是以备考为目的的听力训练，结果养成学生打勾画线、猜答案的思维习惯，这极不利于培养真实环境下的口头交际能力”。这也就是为什么在新大纲颁布后的第三个年头（即 2002 年），教育部就果断决定启动新一轮高校英语教学改革。

（四）高校英语教学的提高与深化阶段

在新媒体时代背景下，仅仅按照传统的教学方式教学已经不能适应当前的教育，因此，高校教师应充分重视对英语教学的改革与创新，充分利用新媒体的特性来有效弥补传统教学方式的不足。在实际的英语教学过程中，教师应该结合学生的实际情况制订有效的教学策略，注重教学手段以及教学内容的创新，全面增强学生的英语学习兴趣。通过利用新媒体技术手段，在传统教学模式的基础上进行创新，教师可以借助多媒体为学生创造有利的教学情景，促使学生更好地融入教学环节，提高英语课堂教学的效率。除此之外，教师利用多媒体进行教学，可以全方位拓展学生的思维，并提供给学生更多独立思考的机会。通过开展小组讨论活动，加强学生之间的互动与交流，同时为学生创造良好的学习环境，使他们能够充分体会到新媒体教学带来的乐趣，将注意力转移到英语学习中去。

英语是高校新生所必修的一门科目，尤其对英语专业学生而言，英语学习水平直接关乎日后的就业，因此，高校领导以及教师应该全面加强对英语教学的重视。怎样才能更好地激发学生英语学习的积极性是高校英语教师共同面临的问题之一，而新媒体的出现为解决这一问题提供了有利的条件，在新生刚进入大学校园时，高校可以充分借助新媒体工具来宣传英语在整个大学教学中的重要性，引导学生形成正确的英语学习观念，让大学生能够清楚地了解到英语学习的益处。新媒体背景下，高校在开展英语课程时，应充分利用多媒体工具进行特色网络课件的研发，并利用移动互联网来加强与学生之间的互动。在研发的过程中，教师可以鼓励学生积极踊跃地参与其中，并提出自己的意见。这样有利于激发学生对学习英语的兴趣，提高学生主动参与的积极性。在课下，教师还可以组织各种各样的英语竞赛活动，并利用网络平台进行投票，通过这种方式来提高学生的参与度，同时还能够促进英语教学的有效推广。

以往，高校英语教学中所用到的教学方式向来都是传统的灌输式教学，整个课堂教学基本上都是教师在台上讲解，整个教学过程过于机械化，缺乏趣味性，从而导致学生逐渐失去对英语的学习兴趣，而且这种方式并不能够实现教师与学生之间以及学生与学生之间的有效沟通，英语教学效果不理想。随着新媒体时代到来，新媒体已经逐渐成为高校教学中的重要工具，它进一步拓宽了学生获取知识的渠道，极大程度地丰富了英语学习内容。在新媒体时代背景下，教师应该及时转变自身的教学观念，更加重视实践教学环节。对此，高校可以采用主动式实训教学方式进行教学，这种方式更加侧重实践教学环节，有效弥补了传统教学中重理论轻实践的问题。开展主动式实训教学不但有利于实现理论教学与实践教学的有效衔接，同时还有利于提升学生的综合运用能力，充分发挥出英语学习的效用，对改善当前的英语教学质量也起到一定的促进作用。

二、高校英语教学改革的现状

（一）实施教学存在误区

具体而言，现行高校英语教学有忽视培养学生读、写能力的倾向。新一轮教学改革为广大英语教师提供了多媒体、网络等教学形式，教学大纲也着重发展学生的听、说能力，因此，部分高校英语教师在英语教学过程中有弱化学生读、写能力培养的倾向。王守仁指出："高校英语的教学对象是非英语专业学生，无论是在校学习还是毕业后在工作岗位上，大部分人接触英语的主要方式是阅读。为了适应信息社会的发展需要，同时为交际打下扎实的基础，应增加英语语言知识的输入，逐步加大学生的阅读量，拓展阅读的广度和深度。"[①] 因此，强调培养学生的听、说能力，并不意味着弱化读、写能力的培养。

此外，新一轮高校英语教学改革的另一误区还与语法能力的培养有关。由于受交际教学法的影响，部分高校英语教师认为在培养学生交际能力的同时，应该采取交际—语法教学法。同时，现行的高校英语教学改革也存在过度依赖多媒体、网络等先进技术的趋势。毋庸置疑，多媒体、网络等现代教育技术为高校英语教学提供了样式新颖、材料多样、内容全面的教学手段，并已经在大学外语教学中取得了明显的效果，对高校英语教学改革和人才培养做出了积极的贡献。但教师仍需要发挥课堂教学在外语学习中的作用，切忌多媒体教学新模式一哄而上。

① 王守仁主编：《大学外语教学研究》，高等教育出版社，2016 年版。

（二）教学过程呈机械化倾向

所谓机械化训练的倾向，主要是指用机械训练代替教学中应实现的丰富的教学任务。其主要表现在三个方面。

1. 英语教学过程不重视主动学习

传统教育观视教学过程为教师单向传授知识的过程。如今，教学过程是教与学统一的过程，这是因为人们逐渐认识到教学具有教师向学生传递教学内容，并使学生掌握知识的本质特征。但是，这个过程并不是传统所理解的将知识直接灌输给学生，学生直接拿来就可以。学生必须积极主动地学习，独立思考、独立研究，真正地学会独立学习。当然，这并不意味着教师在教学中处于被动应答的地位。教学过程既不仅仅是教授的过程，也不仅仅是学习的过程，它是教师与学生交互作用的统一的过程。教与学的关系是相互缠绕、彼此依赖、相互构成的关系。

但在实践中，我们经常可以发现两种状况。

第一种状况是教师在课堂上常常将英语知识以词、句、篇的方式简单直接呈现给学生。部分有兴趣的学生能够接受教师给予的知识，进行记忆式学习，积累一定的语言点，教与学的过程仅在浅层次上进行，缺乏深层次的思索与对话。而无兴趣的学生并未受到教学活动的激发，也就未真正发生学习行为。这种状况的课堂教学活动只是局部性教学活动。

第二种状况是教师很注重学生口语能力的提升。在 35 至 40 分钟的课堂教学中，教师从一开始便设定一个个问题，让学生口头交流回答，自己基本不做指导。表面上看这样的课堂活跃了，学生敢于开口了，深究下去便会发现学生们的英语交流只是原有英语口语能力的简单输出，只是其之前学习状态的呈现，教师并未在学生语言输出的基础上，给予一定量的语言输入去提升和丰富学生的英语能力。那么，这样的学习并不是真正意义上的英语学习，只不过是英语口语技能的熟练化而已。这两种情况的共同特征是学生并未或不可能成为主动学习者。

2. 英语教学活动中教育意义的欠缺

英语教学的中心目标是丰富学生的英语语言知识和形成英语技能，使学生具备参与英语活动所需要的知识、技能和能力。但是，英语教学过程不只有此一项任务，它同时是教育过程。在英语教学传授该学科知识与技能的同时，应该使学生增长该学科特有的见识，形成对世界、对社会的基本判断力，并对人生形成基本价值观和态度。这些是学科教学中共有的教育性目标，英语教学也不例外，英语教学中教育性目标的达成并不是附着于英语知识与技能的教学，而是在教学活动开展的过程中孕育、渗透和养成的。也就是说，学生在教学中采用什么方式进行学习将会深深地影响他们的态度与性格，如果学生只是被动地接受教师所给予的东西，或是机械地模仿，死背教师灌输的东西，往往会养成盲从及屈从的态度与性格。与此相反，唤起学生积极的探究精神，引导他们逐步依靠自己的力量来解决学习课题、发现知识，就会养成学生独立地、创造性地、友善地实现目标的态度与性格，形成锲而不舍的顽强意志与人格。

当前英语教学中认知性目标与教育性目标的分离状态很普遍，其中一种情况是无视教育性目标，以英语知识和技能为目标，让学生在模仿中学习，在重复性操练中熟练化，认为只要学生掌握了相关英语知识与技能，考试成绩好便可以了。令教师很苦恼的是，在课堂教学中如果对学生进行思想品德教育，教学进度就会落后，自己的教学目标就无法完成。这类教师大多认为，教学中的教育就是利用课堂教学时间讲一些思想品德知识或结合形势的道理。

无论是删除还是添加教育性目标的做法，都不是真正意义上的教学中的教育。只有它所传授的学科内容及内在的教育价值的开发融于学习活动本身，才会产生教育的效果，这才是教学中的教育。

3. 语言知识掌握过程中弱化理解与思维

在英语教学中，英语知识的掌握是发展听、说、读、写的英语技能和形成文化意识的基本前提，因而受到教师们的充分重视。但是，对于在什么意义上把握知识的概念，许多教师并不清楚。所谓英语知识，不仅包含相关的事实与现象，还包含英语的特质、相互间的关系和语言规则。因此，教师在教授英语知识时就不能将之仅作为信息来教授，还要使学生能够在语言关系和规则的意义上进行把握，并将其转化为自身的理解与能力，能够在生活中灵活运用，如此就要求英语知识的教学与学生认识过程达成统一。当然，对学习英语的学生而言，由于英语知识具有间接性和人为性，学生在掌握的过程中就不可能像学习自然科学知识那样要经过科学探究，而是要在英语材料的归纳与发现中，通过比较、分析、抽象和综合形成对英语知识的深层次把握。在英语教学中，学习知识过程与学生认识过程是统一的，这要求学生能够主动地学习，尤其是思维要真正激活。

目前，提倡学生在英语学习中提高主动性已成共识，课堂教学也有了诸多变革，比如，在英语课上注意结合生活情境，并给予一些开放性的问题让学生问答，或是给学生提供开展小组活动的时间与空间。这些都反映了教师在教学中努力把书本知识与现实生活相联系，尽可能地让学生主动参与学习活动的改革意识，这无疑是一种变化，但是，这些努力只是激发学生主动参与知识形成过程的第一步，而对于如何在激活学生思维的过程中让学生体验发现的喜悦，让学生相互间在思维与经验的碰撞中形成新经验与新认识，往往关注不够。

（三）研究视角存在局限性

英语教学如何结合学生英语学习的特点与潜能设定教学目标？如何结合学生英语学习的困难进行有效的转化？如何认识与把握不同年级的学生在学习任务与能力间的相关性，以便更有效地使英语教学真正成为学生主动学习、健康成长的育人资源？凡此种种，不逐一列举。

我国英语教学改革的思路基本还是在英语语言文化的框架内进行思考，对各年级英语教学的起点、问题、转换机制等缺乏实践性的认识，对各年级学生英语学习的特点、问题及其实现机制缺乏过程性认识，对各类型的英语教学目标、任务、过程逻辑与方法等也缺乏本土化的认识。

就整体与部分的关系而言，教师需要贴近生命成长的状态进行思考与实践，既要从生命成长过程整体审视某一年龄段学生的成长使命，也要从生命成长中整体审视某一学科教学对其特殊的价值与意义，更要从生命与教育实践真实的动态关系整体把握教学的起点与最近发展区。

第三节 高校英语教学的发展趋势

每个人都出生于一定的社会和文化环境，比如家庭、社团、语言等，而且最终将建立起许多社会联系。一个孩子所处的社会环境状况，将影响他的思考和行为方式。个人如何对这些影响做出反应，或者说哪一种影响的效果最大，通常难以预料，但无法否认的是语言和交际是人类经验的核心。

一、三维关系中定位英语教学的当代使命

（一）我国当前社会背景下英语教学的时代使命

对于当前我国时代发展与社会转型所内含的精神而言，可能一大串的列表也未必能够详尽描述这个时代精神特征的不同层面与不同维度，但有三个特征明显成为当代人或未来较长时段内人的生存事实，这三个特征可概括为：全球化、自主化与多元化。

1. 全球化

由于科技发展，人际空间距离逐渐缩小，密度加大，经济活动逐渐突破国界而走向“地球村”。21 世纪的社会是一个交流范围不断加大的社会，不同国家与民族之间不仅有竞争的关系，也存在相互依赖的关系。有些学者称这种社会为融合型的国际社会。而融合社会的黏合剂则是外语教学，这种国际大交往的时代格局，便成为我国当代外语教学目的确立的基本时代背景。外语教学在 21 世纪的使命之一便是促进各国间的友好合作，这既是为了弘扬我国优秀的传统文化，让中国文化走向世界，也是为了通过外语学习，更好地汲取外来文化，丰富我们自身。

2. 自主化

通过对比这 40 多年来中国社会生活的变化，出生在 20 世纪 70 年代以前的人都会承认中国人正经历着由原先的一旦做出最初选择，一切便都有安排的社会，向着一个人们不得不为自己命运承担责任的社会的转变，这种转变至今仍在继续：一元价值观向多元价值观演变，个人与单位间的身份关系越来越走向松散，变化所产生的结果是社会给人生存的空间度和自由度在日

益加大，我们终于可以自己编写人生大剧的脚本，而不用再去扮演别人为自己安排的角色，每个人都面临着这样一种机会或是挑战——自我塑造甚至重塑自我。所有这一切都说明，一个呼唤人的自主性的时代到来了。

3. 多元化

当今社会是一个多元文化并存与相互冲突的社会，传统文化与现代文化、中国文化与异域文化、主流文化与非主流文化竞相对学生的发展产生影响。学生如何面对不同的生存样式，同时又不使自己迷失便成了一个两难的问题。能否处理好这种关系，与学生的多元文化素养有直接关系。为此，一个国家的教育应当致力于培养学生掌握不同的语言并了解他国的文化，以促使其养成在当代和未来多元文化社会成功生存与交际的能力。在学校课程中，能够承载这一教育使命的除了其他人文社科类学科外，外语教学显然是不可缺少的学科。学生在学习外语的过程中掌握异域文化并形成语言交际的能力，也是当代外语教学的主要宗旨之一。

在1996年由国际21世纪教育委员会向联合国教科文组织提交的报告《教育——财富蕴藏其中》中，回顾人类联合生活的冲突状况后指出，21世纪的教育的使命就是“教学生懂得人类的多样性，同时还要教他们认识地球上的所有人之间具有相似性，又是相互依存的。因此，从幼儿开始，学校就应抓住各种机会来进行这一双重教育。某些学科特别适合进行这种教育：从基础教育开始教授人文地理，晚些时候教授外语和外国文学。”

现在，我国处在时代发展和社会转型背景下，多元文化问题不再只是理论命题，更是一个现实问题。如何培养未来的人在适应多元生存环境的同时不至于迷失自我，不但是政府、学术界关注和思考的问题，更成为学校教育的基本使命之一。当前状况下，我国高校英语教学应承担起培养学生的多元文化生存素养的时代使命。提高学生适应多元文化为背景的社会交际能力是时代的要求，英语课程是为此而提供的一种重要学习资源。因而，英语课程改革必须关注并培养学生适应现代社会所要求的英语能力，为学生提供丰富的语言交际机会，帮助他们掌握恰当的交际方式，促进思维发展，为他们进一步认识世界、适应社会打下良好的基础。

（二）语言与文化视角中英语教学的文化使命

一直以来，外语教学的关注重心一般是学生对外语的语言形式的学习，基本不顾及语言内容的价值，从而将语言形式与语言文化内容割裂开来。尤其在语法大纲主导的年代，许多教师严格按照语法大纲所组织的教科书进行教学，很少注意开发外语教学内容对于学生的养成性价值。比如，听说法强调听与说，倡导通过刺激—反应、对话记忆、语法训练和口语技能等进行学习，学生说外语其实只是重复教师的语言、背诵对话或进行各类机械训练。学习者也很少在意义化的、情境性的语言输入环境中学习，没有将记忆性材料转化为自然语境中交际的机会。20 世纪 60 年代，外语教学界倡导认知法，开始关注促进有意义的语言运用与创造，但这种方法关注较多的是语法机械训练，学生仍然很少有时间在真实的语境中运用外语。

20 世纪 70 年代，外语教学界掀起了交际语言教学法的热潮，开始关注学生的学习需要和交际的性质。

这一外语教学法很快风靡世界很多国家，逐步改变外语教学观，人们意识到外语不仅是语言学科，还是一门关于文化的学科，通过这门学科的教学应有效增加学生的文化知识，扩大学生的视野，重新将语言内容的学习放置到外语教学中。比如，美国在 1996 年发布的《外语学习课程标准》中指出了外语语言文化学习的文化价值在于它可以使人们与不同文化背景下的人们进行有效沟通；学生能够走出自己文化的域限，扩大眼界；可培养学生认识自身语言和文化的洞察力；可促使学生能够更好地在对比中认清自己，理解其他文化中的人们以及彼此间的紧密联系；有助于学生将来能够较充分地融入地球村；外语语言和文化的学习也是学生充实已有文化容量的直接途径之一。目前，我国也正处于多元文化的社会背景之下，培养学生健康、正确的文化意识与观念便成为当前各门学科教学不可回避的共同任务，英语教学作为了解异国文化的重要载体更具独特价值。

（三）青年成长中英语教学的育人使命

英语教学变革最终要落实到人的发展价值。目前，人们越来越深刻地认识到语言对人的精神发展的价值。其中，语言与思维的关系更是一直被关注的重心。

著名语言学家洪堡特指出："每一种语言都包含一种独特的世界观……每一种语言都在它所隶属的民族周围设下一道藩篱，一个人只有跨越另一种语言的藩篱进入内部，才有可能摆脱母语藩篱的约束。"① 因此，学习一门外语不仅是掌握一种工具，学习一项技能，更是接触和了解一种思维方式与思维习惯的途径。具体地说，英语语言重逻辑形式思维、重个体思维的偏向，是一种典型的形态型、形足型语言，明显不同于汉语这种语义型、音足型语言。这就使得英语学习中的形合手段远远多于汉语，并使其语法呈现出显著的显性和刚性特征。显性首先表现在词类上，标志着相当多的单词从词形上就能够判断其词义，如：有 -ment、-ily、-alion、-er、-or、-ness 后缀的一般是名词，

①洪堡特：《论人类语言结构的差异及其对人类精神发展的影响》，钱敏汝译，陕西人民出版社，2006 年版。

有 -ful、-al、-ive 后缀的一般是形容词，有 -en、-ify、-ize 后缀的一般是动词，有 -ly 后缀的一般是副词等。显性还表现在名词有数和格的变化，代词有性、数、格、人称的变化等。英语语法的刚性表现在“该有的一个也不能少”。也就是说，形态上要求的，一般必须遵守；形式上要求有的东西，通常也不能少，特别是虚词的使用。这些思维方式上的不同，一方面说明英语学习能够丰富学生的思维方式，另一方面说明英语教学能够注意引导学生通过掌握英语规则进行学习，也有助于学生思维水平的提升和英语学习效率的提高。

英语课程在培养学生素质方面的任务也日益受到我国的重视。比如在 2022 年的 4 月 21 日教育局颁布《英语课程标准》指出：“英语教学应该与其他学科教育共同努力，促进学生素质的全面发展，提高学生的人文素养，增强实践能力和创新能力。”当前高校英语教学所致力于回答的核心问题之一，就是将育人价值落实到不同年级、具体英语教学内容以及不同教学任务之中。

二、当代英语教学的育人价值观

随着英语教学改革的发展，我国对英语教学目标及育人价值的认识一步步走向完善，并逐渐与国际接轨：从单纯的关注语言知识的学习，到语言知识与语言技能并重，最后到关注语言的技能掌握及语言综合素养对学生的发展价值，随着 21 世纪我国新一轮课改的推进，英语课程改革也与整个课程的基本精神保持一致，站在学生发展的视野，突破了语言观对英语教学的影响。所有这些，都是我国近二三十年来英语界的巨大进步，丰富了人们的认识，在此基础上，结合实践探索，形成了当代英语教学的育人价值观。

（一）语言知识的教学价值

在以往语法大纲为主导的思路下，语言知识通常被理解为语音、词汇、语法等内容，但随着英语功能型大纲的推行，语言知识通常被理解为包括语音、词汇、语法、功能和话题等内容，尤其是功能和话题的加入，使得英语知识的社会性语言功能和意义功能得到重视，但过于突出话题和功能的意义，使其淡化或弱化了语音规则、词汇规则和语法规则对于中国学生学习英语的价值。当代高校英语教学一方面认同语言知识的内涵应包括功能与话题，但认为对于中国学生学习英语这门外语而言，引导学生注重发现英语语音、词汇和语法规则的特点，对于学生高效、规范地学习英语的价值同样不可忽视。胡春洞教授提出："从语言学层次上看，有语言和言语两方面。前者包括语音、语法、语义、语用、句型和词汇，后者包括听、说、读、写和话语及功能。前者是社会普遍性的，后者具有个人特殊性；前者是构成语言能力的要素，后者则是语言的表现；前者规律性强，后者变异性强。在英语学习中，言语要重视，语言也要兼顾，不要把两者对立起来。"[①]现在有一种偏激主张，认为只要学习功能项目和句型就行，用不着学习语法，其实英语语法本身就是功能和句型的进一步概括，是规律的总和。所谓交际功能只不过是基本语法功能的演化，而不是另起炉灶，现在流行的所谓交际能力，同样是语言能力的发展，而不是平地起楼台。学英语应该学习语法，只是不要死抠语法，不要在语法概念和语法分析上纠缠不休。学习语法，主要是掌握词、句、文和话语的结构特点和规律，各种结构的关系和转换，以及一定的结构所具有的意义和功能，或一定的意义和功能所对应的结构。语言的其他方面，如语音和词汇的学习也应该采用活动的方法学习活动的语音与词汇，不死抠孤立

① 胡春洞：《英语学习论》，王才仁编，广西教育出版社，1996 年版。

的单音，不死记孤立的单词。这样的学习，就是以语言学习为手段，而且以言语学习为目的。

具体说来，笔者认为语言知识教学的育人价值体现在以下几点：

首先，重视学生主动构建知识、发现知识规律的过程。教师的作用是创设一定的环境，引导学生发现语言的内在规律，进行创造性地学习与运用。教学要具有挑战性，否则难以激起学生的学习兴趣。

其次，注重课堂教学中主要话题贯通全过程，语言内容与语言形式在教学推进中的统一，实现英语教学过程的意义化与言语化的内在统一，避免传统上只顾语言形式的机械学习而忽视语言意义，或是只注重语言内容而忽视语言形式。

再次，知识教学过程遵循理解、记忆和运用语言规律的顺序，呈现多次、递进、螺旋式上升的教学过程，使学生认知水平的发展体现出相应的层次性、逻辑性和递进性。

最后，提倡发现式学习，在开放性教学过程中，激发学生在主动探索中发现和掌握英语的语言规则，并能举一反三地在生活中运用。

（二）语言技能性教学（主要包括听、说、读、写）的育人价值

听、说、读、写对于中国学生言语技能的培养具有同等重要的价值，不应该忽视甚至简单抛弃读与写。因为中国学生接触汉字往往比英语早，而中国的汉字是音足型，学生掌握汉字往往习惯于首先从字形上进行视觉理解与记忆。如果教学只强调通过听、说进行音形理解与记忆，那么，非但不能发挥学生原有的学习原型优势，还不符合中国学生的记忆策略，学习效果会大大降低。平时，一些教师会发现，有的学生能够讲得出较为流利的口头英语，

但几乎无法进行同等水平的书面阅读，其原因之一便与教师忽视读、写技能的培养有关。

基于这种认识，笔者对当代高校英语教学改革观念具体理解如下：“听”与“读”是接受性学习，但未必是被动式学习；“说”与“写”是输出性学习，也未必是主动式学习，这取决于学生在学习过程中的状态。

1. 听的教学

强调学生在教学过程中从多个层面把握语言材料：听懂关键词，掌握主要内容与情节，抓住中心思想。目的是培养学生在听的过程中形成捕捉，根据上下文猜测具体语言意义和关键信息的能力，以及根据情节整体推论语言思想的能力。

2. 说的教学

注重学生能够根据所学词汇、句型、语法和文章内容规范灵活地表达意义，以实现语言学习内化与外化的双向结合。

3. 读的教学

包括有声读与默读，精读与泛读，读词、读句与读篇等，不同读的类型任务也会不同。教师在阅读课教学中关注的是学生能够学会通过查词典自主掌握文章中的生僻字词汇，或是根据上下文猜测词义，或是能够寻找主题句，形成快速掌握文章大意和中心思想的能力等。

4. 写的教学

不是为写而写，而是强调学生通过“写”掌握拼写、标点符号与大小写等基本写作知识。运用已学词汇与词组，培养逻辑思维，学会用英语组织段落与表达主题的能力。

（三）学习能力的养成价值

在英语教学改革中，教师在培养学生英语知识和技能的同时，还强调培养学生的英语学习能力。知识是能力的基础，能力是知识的运用与进一步发展的基础。两者既在学生成长中有不同的价值，又相辅相成。

在能力培养方面，许多人受交际法的影响，英语教学认为主要是培养学生外语交际能力。笔者以为这种认识仍停留在将语言作为交际工具的认识层面，而从学生作为一个终生的、整体的、主动发展的人的角度看，学生的思维能力、自主学习能力以及合作学习的能力更具有根本性。

1. 培养学生思维能力，尤其是创造性思维能力

这是当代高校英语课堂教学价值追求的特色。在英语教学中让学生主动健康地发展，关键在于激活学生的思维。从观察、分析与实践中深切感受到，在英语教学中忽视发展学生思维能力的现象普遍存在，但却未能引起广大师生的注意。它表现在英语课堂教学中学生大量的学习活动是模仿、记忆和机械操练，教学较少注重提倡学生主动、积极的思维能力和提问能力的培养。甚至当学生在语言练习中根据已学知识灵活使用一个确切的同义词时，教师也不会给予肯定，而是要求学生改用教师规定的词汇表达意义。教学过程中只强调将语言点在规定的课时内教完，较少让学生思考如何总结学习和使用外语的规律，探索与创造适合学生自己的学习策略和方法。在改革教学方法时，有的教师为了活跃课堂气氛而采用一些外在刺激（如奖品等方式）取悦学生，未能真正激活和发展学生的思维。有的教师通过关注教学过程的逻辑性和层次性着力培养学生思维能力，这向培养学生的创造性思维迈出了第一步，逻辑思维是基础性的思维，然而批判性思维和创造性思维是具有原创性的思维能力，也是变革时代要求新人具备的重要思维能力。因此，如何在英

语教学中培养学生的创造性思维能力成为“新基础教育”英语教学的主要价值追求之一。

有些人认为，在英语教学中培养学生的创造性思维是不可能的，他们以为所谓创造性思维就是指要学生创造英语本身，这显然是不可能的。所谓“创造性思维能力的培养”，主要是指在教学过程中创造一定的教学条件，激发学生在学习过程中进行联想、想象或猜想，进行创造性学习，而这些方面正是学生创造性思维发展的具体展开过程。比如，在英语教学的导入环节，教师一般先出示一个带有想象空间的图画或给出一个开放性的问题，目标就是为了激活学生的想象思维和已学知识；在教学进行过程中，教师就即将开展的下一个教学环节的话题，事先以问题的形式提出来，让学生充分展开讨论，对教学话题的随后情节进行大胆的发散性猜测。这样，学生努力主动调动词汇进行表达练习，又使创造性思维能力在不知不觉中得到了培养与提升，同时还让学生之间因不同答案而相互启发，带动了生生互动。

当然，主张在英语课堂教学中培养学生的思维能力，并不是将之与英语学习中的模仿和机械操练完全地对立起来。模仿和机械操练也是必要的，对于激发学生兴趣和活跃课堂气氛也是必不可少的，但如果不鼓励学生多思考和自己探索英语学习规律与策略，不从发展学生思维能力的深度考虑学生的兴趣和课堂氛围，学生就会变成只会回答教师提问的“机器人”，语言操练将不能达到既定的教学目标，学生对外语学习的兴趣也不会持久。

2. 培养学生在理解学习策略基础上的自主学习能力

目前，全国课程标准中没有专门将自主学习能力列出来作为培养目标，只是将学习策略列为英语教学的培养目标之一，并列出了学习策略四个方面的内涵：认知策略、调控策略、交际策略和资源策略。每种策略有不同的内涵。

交际策略一般是指学生在英语交际活动中，知道什么时候开始谈话、什么时候结束谈话及如何结束谈话等，强调的是人际交往方面的策略，而非英语语言使用上的策略，这并非英语学科所特有或突出的价值。再如课标中提到的“认知策略”也比较空泛，较难落实。实际上，学习策略只是学生学习的方法，是自主学习能力的基础和组成部分；但自主学习能力并不仅仅是策略，主要指能够独立自学、主动规划学习方式、实施自我监控，并能够借助工具书和相关学习资料进行英语学习的能力。交际策略在英语学习过程中起着举足轻重的作用，它关乎学生如何在实际交流中有效运用英语。交际策略不仅涉及知道何时开始和结束对话，更重要的是如何在对话中灵活应对，这包括理解对方的话语、表达自己的观点以及处理交流中可能出现的误解或困惑。资源策略是英语学习策略中不可或缺的一部分，它涉及学生如何有效利用各种学习资源来提高英语学习效率。随着科技的发展，英语学习资源日益丰富，从传统的纸质教材到现代的数字化资源，如英语学习网站、在线课程、英语学习 APP 等，都为学习者提供了广阔的学习空间。

3. 培养学生合作学习的精神和能力

在开放、互动、生成的课堂教学中，英语教学离不开学生之间的两两合作、小组学习和全班互动交流的学习方式。但学生在两两合作、小组学习和全班互动交流中进行互动的能力并非是自发形成的，它需要在教师有意识地指导下逐步形成。否则，课堂教学互动就可能流于形式，真正有效的、全体的和高质量的教学效果就难以实现。所以，仅将合作学习理解为一种精神，尚不充分，还需要从能力意义上进行培养，这也是英语教学中大量语言练习交流所特有的价值。

当然，课堂上有了两两合作、小组合作的学习活动并不能保证学生合作学习的能力，因为学生有时在相处不融洽的小组内合作学习还不如独立学习。真正意义上的合作学习是指学生能够注意同班同学的言行，从中学习并随时准备向合作伙伴提供帮助，共同思考。与邻座的同学交谈和交换想法、参与辩论、建议和提出问题；与伙伴共同完成任务，需要帮助时会找合作伙伴；允许每名学生为小组代言，互相合作，为内在和外在的收获而努力。对此，美国的约翰兄弟做过大量有说服力的研究，认为实质意义上的合作学习应当包括四个方面：一是积极依赖能力，这是合作学习中最为重要的概念。二是承担个体责任的能力，这意味着每名参与者都对小组的学习和成功负有责任，而小组学习成功与否，取决于每个成员是否努力。三是积极互动的能力。四是平等参与的能力。由此可见，这些能力的养成并非自然形成的。我国很多所谓的合作学习只是形式上的，而非真正意义的合作学习，英语学习合作能力需要有意识的培养。

（四）学生文化视野的丰富

从一定的意义上讲，语言是形式，文化是内容，两者不可分离。学习英语不能脱离英语文化，了解英语文化是准确而得体地使用英语的基础。文化包括风俗、习惯、地理、历史、信仰、生产、生活等许多方面。学习英语，不但要比较英汉两种语言，还要比较两种语言所扎根的文化，从而丰富学生的文化视野，让学生了解英语国家的社会文化知识，为培养跨文化的交际能力打下了基础。在英语学习中，一方面要注意文化求异，另一方面要注意文化认同和语言认同。汉语说“丢脸”，英语说“lose face”；汉语说“开车”，英语说“drive a car”，思维方法一致，表达方式也一致。凡两种语言表达的概念是人类生活共有的，语言上求同的可能性就存在，甚至在汉语中的“坏蛋”，在英语里都有对应的“bad egg”。汉语里的语言学名词“虚字（词）”在英语里对应的说法是“empty word”。这是因为无论在英国人的生活中，还是在中国人的生活中，这些事物的存在状态和作用范围都相同，所以在两个民族头脑里形成的概念相同，在两种语言里对应词语的意义和用法也相同。

在英语教学改革的过程中，当结合具体的学习内容认真分析与体悟时，师生会越来越深切地体会到英语因其特殊的语言文化形式向学生打开了一个个异域社会文化的窗口：一方面是了解所学语言地域的各类节日餐饮文化、社交礼仪、异国风情、文化传统、风俗习惯等民族社会文化知识。另一方面是培养学生在运用英语进行交际的过程中，如何根据实际需要恰如其分地运用已学的社会文化准则进行交际的技能，理解、说明与建立我国文化与英语语言文化之间的平等观念，以及发现异域文化新信息和使用新信息的能力。所有这些都是英语学科教学的独特育人价值。

因此，高校英语教学改革不再把英语国家的社会文化知识仅作为背景，而是明确将学习英语国家的社会文化知识作为育人价值彰显出来。为此，教师往往采用两种方式：一是渗透方式，将英语国家的社会文化知识融合于教学之中。二是以主题文化课的方式，通过中外文化比较的方式，在扩大学生的文化知识面的同时，培养学生平等的文化意识。

（五）学生良好英语学习品质的培养

在我国，英语作为一门外语，不像学习汉语时有一个语言环境可让学生沉浸于其中，不知不觉地习得语言。除了课堂教学的有限时间外，英语学习尚需要学生能充分根据自己在课堂中的理解水平和形成的能力，在课外展开自主学习。而这就需要学生具有一定的意志力和坚持不懈的学习毅力。

此外，高校英语教学改革提倡从学生发展状态出发，激活学生思维和兴趣，从学生生活出发，贴近学生，使学生在学习的过程中不但有兴趣、有话可说、有内容可表达，形成积极的学习动力，也能够积极地进行创造性学习。这些有关学习的意志、毅力、兴趣、自信心、勇于实践和创造性学习的品质，似乎很抽象，在学生的英语学习中却是至关重要的因素。如果按照从小学到大学这个时段计算，与中文学习和数学学习相比，英语学习在当前学生的学习课程中所占的时间最长，至少需要 16 年的学习时间。如果这门学科的学习在中小学时期没有养成良好的习惯，就会对以后若干年英语学习的成效产生障碍。

总体而言，高校英语教学改革的育人价值最终指向的是学生整体素养的主动、健康成长，是在超越量的意义之外，更强调质的意义，学生能够通过英语学习成为一个能够掌握自己命运、自主发展、学会合作的全方位发展的人。

第二章 信息技术与高校英语教学的关系

第一节 信息技术与英语教学深度融合的机遇与挑战

一、信息技术与英语教学融合带来的机遇

随着素质教育的开展和科学技术的进步，现代信息技术对于学校教学起着越来越举足轻重的作用。信息技术由此为教师的教学工作带来新的挑战和机遇。教师需要更新观念，实现角色转变，并学习在教学中合理、正确地使用多媒体和信息技术，优化教学方式，模拟学习情境，激发学生学习英语的兴趣，扩大知识面，增加阅读量，培养自主探索的能力和文化素养，提高教学的有效性和时效性，实现资源共享。

随着我国突飞猛进的发展和全球经济一体化的进程，知识文化的传播方式也发生了一系列的变化，信息文明已经越来越成为人们生活工作中不可或缺的重要部分，极大地改变了人们的思想观念和行为习惯。人们在享受数字信息带来的便利的同时，传统的教育观、人才观和教育模式也都面临着新的挑战，这就引起了教学的思想、内容和方法上的深刻变革。

英语教学作为这一课题的重要组成部分，要求教师及时转变教学观念，改进教学方法，积极学习信息技术，以实现传统教师角色的转换，适应信息

社会对于教师所提出的新要求。当然，信息技术在提出挑战的同时，为英语教学提供了更多的机遇，它引领教师走上一条新的英语教学的道路，为激发学生的英语学习热情、提高英语的应用能力开拓了更为广阔的视野。下面就分别来讨论一下信息技术为英语教学带来的挑战和机遇。

信息技术已经逐步渗透到英语教学的各个方面，如电子课件、多媒体教学、远程教育、计算机辅助教学等，这些在为教学带来巨大方便的同时，对教师的学习和创新能力提出更新更高的要求，英语教师需要积极学习新的知识和技术，学会操作各种多媒体设备，不断更新自己的知识结构，扩大自己的知识容量，这也符合现代社会对人才的要求，那就是“活到老，学到老”。

另外，信息技术和多媒体设备的普及，使学生的学习途径更加多样化，除了在学校课堂上学习之外，还能够借助网络课堂、电子书籍、英文视频等来提升自己的词汇量和听说读写的能力。但是如果学生运用不当，又会出现负面作用，从而阻碍英语的学习。这就使英语教学面临新的问题：如何使学生正确、合理、科学地使用信息技术和多媒体来学习，这需要广大英语教师思考。

在信息化社会的背景下，英语教师要积极应对，通过更新观念，实现角色的转变，来适应新形势对于英语教学的要求。所谓更新观念，就是要求教师树立新型的教育观、人才观和方法论，不断更新自己的知识结构，使信息技术更好地为英语教学服务。所谓转变角色，是要求英语教师在教学活动中，不再固守于传统的角色定位，由传统的知识传授者，转变为学生学习的引导者和监督者，课堂教学的组织者和示范者，并且随着信息技术的发展，还会发现更加多样的角色。

信息技术把计算机与艺术相结合，可以使信息的获得和传播实现强烈的艺术感染。课堂的内容可以通过图像、视频、动画、声音等来表现，使课堂更加充满感染力。何克抗教授在《创造性思维理论 DC 模型的建构与论证》一文中指出：基于言语概念的逻辑思维离不开表象，任何语言的抽象概念和形式结构如果不能通过表象来表现，就不能表达出应有的意思。对于一门从未接触过的语言，学生缺乏对这门外语的了解和体验，因此很难挖掘出对这门语言的热爱和求知欲。[①] 所以，这就要借助于多媒体为学生营造出形象生动的环境，使学生能在身临其境中使用语言，从而达到学习语言的目的。

夸美纽斯说过："兴趣是创造一个欢乐和光明的教学环境的重要途径之一。"人们总是对自己感兴趣的事情才能真正投入热情和努力，才会主动自觉地学习而不会感到枯燥。但是，在从小到大的英语学习中，因为一成不变的传统教学模式，很多学生已经逐渐丧失了对英语的兴趣，并且因为英语学习的枯燥和抽象化，造成其英语学习上的困难，从而降低了对于学习英语的信心。然而，现在在多媒体技术的辅助下，教师可以模拟出在日常工作学习生活中的现实情境，与现实生活紧密联系，使学生如置身于真实的情境中，曾经抽象的英语语法变得具体，曾经枯燥的英语知识点变得生动形象，多媒体技术可以把平面的英语知识转化成图文并茂的语言知识，转化为动态的视频，把听说读写结合起来。

在目前的教学中，存在学生英语阅读量小的问题，这是因为学生手中的资料有限且更新慢所造成的。现在互联网上有大量的英语学习网站，包括一些名校的英语学习资料，可供学生浏览和下载，这样学生就可以在课下通过更多的途径来提高自己的英语阅读水平。

英语是国际通用的语言，为全球的跨文化交流起到了桥梁的作用。因此，

① 何克抗:《创造性思维理论 DC 模型的建构与论证》,北京师范大学出版社,2000 年版。.

英语的学习就是一种跨文化的学习和交际活动。现代信息技术可以为跨文化交流能力的提高起到促进作用。学生可以通过互联网收听 VOA、BBC 等新闻时事，在锻炼听力的同时，了解当今国际时事，掌握社会发展趋势；学生也可以从因特网上找到经典的国外原声影片和纪录片，了解各地风土人情和当地文化；学生还可以通过网络了解最新音乐资讯，学唱英文歌曲，对于英语学习也大有裨益；另外，还能通过网络看英文经典著作和诗歌等。这些在提高学生英文水平的同时，还能提高他们的文化修养和知识素养，全面提高学生的素质。

传统的教学模式都是以教科书、习题册和磁带等实物形式出现的，由于教材等编写的问题，造成教学内容的滞后性，可能会与社会和语言的变化脱节，造成学生所学非所用。而信息化教学就解决了这一问题，为教学提供了及时的、生动的课外资料和补充。另外，传统的备课、考试等环节都依赖于纸质的教材、试卷，对于信息的查找、整理、挑选所需要的时间成本会大大高于使用数字化信息技术，其效率也势必要远远低于数字教学。而通过电脑、投影仪等设备，可以轻松地提供学生以图像、视频、声音等形式，生动地呈现出原本抽象、晦涩的理论内容。

21 世纪是一个信息爆炸的时代，每天都有大量的信息资源通过各种途径和方式在进行传递。但由于某些局限性，不可能获取所有自己所需要的信息，这就需要信息的共享。信息技术为此就提供了巨大的便利。比如，可以通过信息搜索来查找任何自己需要的内容；也可以通过网络资源共享，把自己所有的资源共享到服务器给需要的人使用；还可以通过存储和输出设备（如 mp3、mp4 等）来进行信息的传递，既便于携带又经济环保，而且还可以随时更新。这些都是通过信息技术来实现的。

随着人类社会的发展和科学技术的进步，越来越多的数字化技术和设备被广泛运用到日常生活和工作中。教师在运用信息技术进行英语教学时，能够深深体会到其对于提高英语教学质量和效率的巨大作用。英语教师要认识到，信息技术能够辅助教学工作的开展，同时教学工作又能推进信息技术的进一步发展，二者是相互影响、相互作用的。面对信息化的浪潮，教师要积极更新观念，转变自身角色，充分调动自身的主观能动性，挖掘自己和学生的潜能，与时俱进，勇于迎接挑战，相信在信息技术的帮助下，英语教学之路会走得更好更远。

二、信息技术与英语教学融合带来的挑战

21 世纪以来，信息技术快速发展，信息技术的广泛应用推动着教育教学的重大变革。从 20 世纪 90 年代欧美等国就开始进行信息技术与课程教学融合的研究，到 2008 年真正的第一门慕课诞生，2012 年以后大量慕课呈现在网络，至 2014 年我国慕课在线注册人数已达 65 万。在全球信息化的浪潮中，职业教育同样需要开展一系列教育改革。我国对于职业教育信息化建设十分重视，中共中央国务院在 2010 年 7 月 8 日颁布《国家中长期教育改革和发展规划纲要（2010–2020）》、教育部《关于加快职业教育信息化发展的意见（2011–2015）》《教育信息化十年发展规划（2011–2020）》《现代职业教育体系建设规划（2014–2020）》都强调要加快职业教育信息化建设，以信息化推动职业教育现代化。作为职业教育最高层的高职教育，其信息化建设的意义与作用显而易见。信息技术与职业教育的融合并不是简单的技术引入与应用，而是改变传统课堂教学结构与模式乃至学校教育体系的根本性变革。解文明等教授认为教育教学与信息技术深度融合要“创建新型教学方式，

建立课堂教学与基于网络的自主学习相结合的混合式学习的教学模式”[①]；余胜泉教授支持“突破既有体制制约，以信息化服务为核心，推进教学管理模式的组织结构实现优化和变革”[②]。张永涛、藏志超等教授强调，重点是“改变教育教学方法，通过创新搭建新型学习平台，个人空间，通过学习者主观能动性推动信息技术在教学中的应用”[③]；胡晓松教授认为“以教学手段创新为起点，在教学组织形式、教学内容及呈现方式、教与学关系乃至教书育人方面进行一系列创新，创设有支持的自主学习的全新教育模式”。[④]

本科教育部分课程正进行信息化与教学融合的课程改革，如翻转课堂（Flipped Classroom 或 Inverted Classroom）和慕课（MOOC）等，学生学习效果反映良好，可是高职教育信息化还未开展推广。以旅游管理学院酒店专业为例，用人单位普遍反映该院毕业生英语水平较低。针对这一问题，该院一直坚持重视英语课程，聘请大量师资，采用小班教学，一个学期英语课程可达 160 课时。但是学生的英语水平并没有显著提升，相反英语相关证书的取证率逐年下降。与此同时，学生抱怨英语课程太多不爱学，教师硬着头皮教，推着学生学。为了让学生课上专注，学院也想了不少办法，比如避免信息化的干扰—收取手机，避免课上睡觉—加大课堂提问和作业检查力度，避免课上闲聊—减少课堂讨论。然而这些方法都没有从本质上改变学生对英语课的态度，学生上课状态低迷，课堂教学效果不理想。

调研发现，在信息化时代，如果说学生完全排斥英语是不准确的，学生

① 解文明：“中国医学教育技术”，《信息技术与教学深度融合实践——以大学英语教学为例》，西安交通大学，2014 年版。

② 余胜泉：“互联网时代的学校组织结构转型”《中国教师》，2015 年版第 15 期。

③ 张永涛：“信息技术与教育教学深度融合方法探讨”，《大学教育》，2013 年，第 14 期。

④ 林亚维：《高等学校“十三五”规划教材 化学信息学》，化学工业出版社，2019 年版。.

每日依赖网络通过手机获取国外英文资讯、观看英文电影、欣赏英文歌曲等，但就是厌恶在课堂上捧起英文课本学习英语。英语基础弱的学生认为课本内容复杂、专业、枯燥，从而产生放弃的想法；而英语基础强的学生则认为内容过于浅显，自学就能轻松完成学习，课上不能满足自己的学习需求。在这种情况下英语课堂学习气氛愈来愈差。

若将信息技术适当地引入英语课堂，构造多模态的网络生态环境，可以改变以教师为主宰的传统课堂，突出以学生为主体，引入更多的教学资源，以多模态形式展示教学内容，激发学生的学习兴趣，调动学生的主动性；突破教学重点与难点，从而强化英语课程教学效果。

教师应该转变观念，少抱怨学生基础差；创新教学活动、改进教学方法，更新教育观念。最终目的是让学生掌握知识并且在实践中灵活运用，所以教学的终端是学生，而不是教师个人才能的展示。让学生参与课堂，发挥其在课堂中的主动和能动作用；树立学生在课堂上的主体地位，让学生成为学习知识的主人，使学生从被动的学习者转变为主动的学习者，从而建立高效课堂。依靠互联网和信息技术的进步，翻转课堂、慕课、微课、（Flipped Classroom、MOOC、Microlecture）各种学习应用软件、网络学习平台等的兴起，让学生更容易成为主体地位，而教师则转变为学生学习的幕后工作者，借助信息技术通过引领、督促、检查与推动帮助学生完成学习任务。强调学生是学习的主体，是信息化教学的直接参与实践者，更是终端受益者。教师运用多种模态，具体生动地向学生展现教学内容，如一系列动态图片、音乐音频、影片片段、动漫演示等，激发学生的英语学习兴趣，使他们对教学内容更易于理解并印象深刻。在传统英语课堂中，为了掌握学生的作业和学习情况，教师不得不占用大量课堂教学时间。在课堂检查的同时，也会造成其他学生的等待与分心。阶段考试更是需要请大量教师协调时间，耗费至少四个课时才能完成。若是将信息化合理引入，课后教师可以使用网络学习平台和测试 APP 进行作业布置，在规定的时间内学生需要完成在线测试和语音上传，更灵活地安排时间检查学生作业，完成批改。同时信息化软件可以将每个学生的学习过程完整地记录下来并且根据相关设置进行成绩分析，快速生成数据。教师可以根据学生的测试记录为学生推送不同等级的资源和安排个性化的学习，加大对学生的语言输入力度，人为最大化地创造英语语言学习环境。通过利用信息化教学手段，可以体现学生的主体地位，开展个性化的教学与测试。

信息化教学的学习方式有别于传统教学方式，主要表现在其灵活多样。课堂不再是传授知识的唯一场所，课本不是仅有的学习资源，互联网提供丰富的信息知识补充课本内容，教师不仅仅是知识的灌输者，更是学习方法的引导者，未解知识的解惑者。课堂教学与现代信息技术的合理融合，通过丰富自主学习的知识资源，拓宽自主学习的路径，正确引导学生自主学习，改变学生习以为常的“被动式”学习模式，为学生养成终生学习的习惯打下基础。

在高职传统教学中，师生互动只限于课堂，师生之间并不熟悉，学生甚至认不出自己的授课教师。采用信息化辅助教学，师生互动将不受时间与地点的约束，学习过程从固定单向灌输转变为双向互动的多元化模式。课前，教师在学习平台发布课前预习任务单，推送相关学习资源；课中，教师可选用最新的英文新闻与视频，吸引学生参与课堂并鼓励其大胆发言，利用学习平台快速建立讨论小组，布置思考题并组织学生自行查找资料整理后找到答案，增强学生自主学习的信心。课后，利用平台布置作业，群里及时统一答疑解惑和辅导与纠正单个学生，拓展课堂知识帮助有能力的学生进行深一层次的学习。

采用互联网信息化教学手段，教师不再是单纯的灌输者，而是课堂的引导者。教师利用信息技术可突破固定课本内容的局限，为学生提供丰富生动及时热门的学习资源，让学生接触到来自不同国家与地区的英语母语者发音，提高学生的听力理解能力，真正实现英语的无障碍交流。并强调学生为课堂主角，让学生真正成为学习知识的主人，由被动学习者转变为主动学习者，学生参与课堂发挥主动和能动作用，以及结合案例教学法和情景教学法，培养学生的分析能力和解决问题能力，从而建立高效课堂。信息化融合的英语教学，教师不仅需要良好的专业知识素养和课堂组织能力，还需要掌握现代化信息技术，如操作各种软件、制作视频动漫、搭建管理学习平台、与学生进行“线上线下”互动和数据统计与分析。教师还应关注学科的前沿科技最新理论，与时俱进，并且乐于与学生分享和讨论，开拓思路。

职业教育信息化与教学融合可以突破传统的教学方式，激活新的思路，新的教学方式可以创造多元化互动式的学习新文化，从而提升学习效率。让学生真正成为学习知识的主人，由被动学习者转变为主动学习者，培养自主学习能力。每一个学生都是一支需要点燃的火炬，在信息化时代教师必须积极学习、开拓思路、与时俱进，调整与学生的关系，建立平等的、民主和谐协作的关系，成为学生的点火者、引路人。

随着现代信息技术与高校英语教学的深度融合，产生了微课、慕课、翻转课堂以及网上自助学习平台等多种新的混合教学模式。这种多元化的教学模式对大学教师的信息技术素养、教学方法和手段提出了更高的要求。

在信息技术飞速发展的今天，网络资源极大丰富，学生能够通过网络获得海量的专业知识，教师不再是学生获得知识的唯一来源，也不再是专业知识的专享者。教师的信息优势被打破，如不加强自身专业知识的深度学习，不了解学科前沿动态，就很难适应高校英语教学内容的更新和学生对英语专业知识的更高要求。而且由于传统高校英语教师所学专业的局限和学科背景的单一，知识结构大多囿于英语语言文学范围，在“互联网 +”时代背景下面对来自不同学科背景的高校英语学习者时，学科知识会显得狭窄，很难满足学生对自己所学专业相关英语知识的需求。

随着人类已全面向信息社会迈进，培养创新型人才需要信息化教学环境的支持。在传统的高校英语教学中，教师只是课程内容和教材设计的执行者、实施者，而在“互联网 +”时代背景下，教师必须要逐步转变为教学内容的开发者、设计者，才能更好地利用网络辅助英语教学。因此需要有熟练的电脑操作技术，熟悉各种教学软件、能制作精美的教学课件；同时还必须具有较强的网络管理能力，能利用微信等积极参与网络资源的建设和网络平台的管理；此外还需要具备制作微课所需的相关技术，如视频音频录制、剪接、配音、合成等。因此，高校英语教师必须跟上时代的步伐，否则就会被信息时代和网络时代淘汰。

在传统的高校英语教学中，教师主要靠口头讲述和板书进行知识的传授，而学生基本处于机械记忆、被动接受状态，教学形式单一枯燥。而在信息技术时代，计算机网络技术成了辅助高校英语教学的必要手段，慕课、微课、微信、自主学习平台等相继投入使用，如果教师继续沿用传统的教学方法，不及时更新、采用先进多样的教学手段，教学效果势必大打折扣、教学质量难以提高。

网络资源的开放性使得信息资源丰富、及时，触手可得，还意味着信息资源的共享，部分学生甚至有可能比教师提前或者更全面地掌握一些信息。尤其是慕课和网络公开课呈现了很多名校、名师、名家的教学过程，使得学生对高校英语教师自身的专业知识有了更高的期待和要求，因此高校英语教师必须加强专业知识的学习，不断完善自己的语音、语法和语言组织能力，同时关注本专业领域的学科前沿动态并将其运用到自己的教学过程中，以激发更多学生英语学习的积极性。

此外，高校英语教师还应努力拓宽自己的知识面，涉猎不同专业专门用途英语的知识，如医学英语、法律英语等，以适应不同专业背景的高校英语学习者的要求，同时为高校英语高年级阶段开设后续课程做好准备。总之，高校英语教师应树立终身学习的理念，努力提升自身专业水平并不断更新知识结构。

在“互联网+”时代背景下，传统的“填鸭式”教学方法已不能适应高校英语教学，一支粉笔一块黑板的传统手段和配置也已无法满足当代大学生的求知欲。高校英语教师要善于学习，除了熟练运用多媒体设备授课，增强课堂吸引力之外，还应充分利用微信、自主学习平台等多种辅助手段和慕课、微课等丰富网络资源为学生设置具体的学习任务并检查学习效果，从而实现“平台、教师、学习者和学习资源的深度互动”。同时还能让学生有效利用课余和碎片时间，将高校英语的学习贯穿于整个学习阶段，使课余课后的自主学习规律化、常态化，以督促和帮助学生养成良好的语言学习习惯。

同时，高校英语教师还应勤于思考，着力改进传统的教学方法。不再沿袭过去教师一人唱独角戏，学生被动接受的教学模式，而是借助多媒体影音设备，为学生创设生动有趣且真实的英语学习情境，让学生主动参与到语言练习活动中来，增强交流性和实用性。此外，教师也可以将学生分为若干学习小组，为其设定具体学习目标，让学生就课前布置的微课、慕课、视频话题和内容进行讨论，最终以汇报、辩论、表演等方式呈现学习成果，促进学生合作学习、增强团队意识，而教师本人也应以合作者和引导者的身份加入到活动中去，同时答疑解惑，以“润物无声”的方式将语言教学的要点渗透到课堂活动中。高校英语教师还应特别注重培养学生的问题意识，启发、鼓励学生大胆提问、质疑，从而在英语课堂教学改革过程中真正为学生构建起一个体验、探究、合作、交往、互动的英语学习平台。

随着计算机网络技术的不断发展，现代信息技术与教学的结合无疑已是大势所趋，这一结合给当代高校英语教师提出了更高的要求。一方面，高校英语教师必须具备基本的计算机操作和网络知识，才能具有搜索网络信息和资源的能力，才能与层出不穷的新知识、新信息保持同步，进而不断更新和改进自己原有的专业知识体系。另一方面，在信息时代，当学生面临浩如烟海、良莠不齐的英语学习资源冲击时，只有具备必要的信息技术能力，才能恰当整合网络资源，进而给学生推荐、传授正确、适当的语言知识信息，让学生受益；此外，高校英语教师还应积极参加信息技术培训，不断学习新的信息技术如：计算机操作、PPT 制作、音视频录制剪辑、网络平台的控制与管理等，将自己的专业知识和教学理念以及学生个性化的学习要求融入自己的 PPT、微课或是网络公开课开发中，从而制作出具有鲜明个人风格特色的教学内容。只有这样，高校英语教师才能真正成为课程的开发者、设计者，从而适应日新月异的时代发展。

在网络技术飞速发展的信息化时代，资源的及时性、丰富性和开放性让教师失去了原有的资源优势，同时随着国际交流和跨文化交际的日益频繁以及社会和学生的要求不断提高，高校英语教师面临着巨大的冲击和挑战。要想适应这一形势，高校英语教师务必要转变自己的角色，明确自己的定位、做学生学习的促进者、引导者，课程的开发者、设计者，教学改革的研究者、实践者，树立终身学习的观念，不断自我完善，谋求发展。高校教师应率先掌握教育信息技术，具备收集、整合资源和运用、传授信息的能力，积极探索“互联网 +”环境下的英语教学改革问题，以不断提高英语教学质量，为培养具有较强语言交流和综合运用能力的复合型人才做出贡献。由此可见，“互联网 +”时代背景下新兴、多元混合教学模式不会取代传统教育，但一定会让传统教育焕发出新的活力。

第二节 信息技术与英语教学深度融合的内涵及本质

一、信息技术与英语教学深度融合的内涵

现代教育中信息技术与高校英语教学的深度融合并不仅仅是把信息技术当成单纯的教学辅助手段，而是把信息技术作为一种促进学生自主学习、优化教师教学环境、提升教学质量与效果的工具。教师要主动学习先进的教学理念，充分运用现代教育信息技术，把其作为学生主动学习的认知工具、情景教学的创设工具、教学资源的整合工具，并将这些“工具”运用到教育教学实践中，使信息技术成为优质课堂的助推力，成为课程内容的有机部分，以超媒体结构方式组织教学，设计、开发集文字、符号、图形、图像、活动影像和声音等多种因素于一体的教学课件，用多媒体技术解读、模拟或再现传统教学技术无法展示的课本对话或篇章场景、情景。实现信息技术与各种优质教学资源的有机融合，从而优化教学环境，从根本上改变传统的教学模

式，大力培养学生收集获取英语语言信息的能力、分析加工语法句型结构的能力、英语交流应用能力、互助协作能力和自主创新能力，充分发挥学生的语言学习主体性、能动性和自觉性。教学中的信息技术应用不仅可以丰富教学内容、改变教学模式、优化课堂，而且可以在迎合学生的心理和时代发展特征的基础上，拓展学习空间。学生可以通过手机、iPad 等工具，利用信息技术网络教学平台学习与巩固课堂知识，搜集、预习语言文化背景知识以及学习参考资料等，也可利用信息技术进行自主听、说、读、写、译训练，进一步提升英语语言应用能力，养成自主学习的好习惯。

有效利用信息技术改革高校英语教学，不仅能创建新型教学结构，更可以革新教学思想、观念、理念，深化教学内容、教学方法、教学手段和教学过程的改革，实现教学效果最大化。

利用现代教育技术微信公众号和现代教育技术微信群建立“互励互教式”微课教学平台，可以拓展最初的课内知识点讲授，在“互励互教式”微课教与学下，学生对知识点的掌握、实践能力均有很大进步，思想道德品质也得到了很大的提升，教师从传统知识讲授者转变为知识的引导者，学生从知识的被动接受者转变为学习过程的主动参与者，教与学的过程从课堂延伸至课外，大大提高学生的自学能力、积极性和主动性。希望通过探索网络微课教学的规律，为今后更多的课程建设提供帮助。

二、信息技术与英语教学深度融合的本质

2023 年 3 月 11 号，国务院发布《国家教育事业发展“十四五”规划》，明确提出全力推动信息技术与教育教学深度融合，利用混合式教学等多种方式，形成线上线下有机结合的网络化学习新模式。该规划强调“互联网 + 教

育”，意味着教育信息化为高校英语教学开辟了更为广阔的前景：高校英语教学不再拘泥于以教师为中心的知识传授，而是利用“线上学习”与“课堂教学”有机融合的混合式教学模式培养学生的英语应用能力。

此外，教育部在2024年6月6日发布《高校英语教学指南》也提出了现代信息技术与高校英语课程相融合的教学理念，鼓励教师实施混合式教学模式，明确指出在此理念指导下采取的举措成效显著。一些研究者针对信息化时代的教学设计、教学模式和教学实践等展开了深入研究，但在混合式教学模式下，学生作为学习的主体，受到的关注较少。混合式教学模式以学生为中心，支持学生主动进行意义协商和知识构建，从而提高教与学的效果。实施混合式教学的有效途径就是切实发挥学生学习的能动性。然而，中国学生缺乏在线学习经验、语言实践能力不足、自主学习意识薄弱、参与积极性不高、不适应混合式教学方式，使得无论是在线学习还是基于在线学习的课堂教学都不能达到预期效果，这些都成为有效开展混合式教学实践的“瓶颈”。本节以高校英语教学为例，探讨混合式教学模式下实践共同体对高校英语教学的作用，以期为信息技术与英语教学深度融合提供一个新思路。实践共同体（Community of Practice）也称为实践社团、实践社区。这个概念最初由美国人类学家让·莱夫 (Jean Lave) 等提出，指的是对某一特定知识领域感兴趣的人互相发生联系，围绕这一知识领域共同工作和学习，共同分享和发展该领域的知识。美国旺格·特雷纳（Wenger-Trayner）团队指出，实践共同体的三个结构要素是知识领域、共同体和实践——知识领域决定共同体成员的共同兴趣和身份感，他们受共同愿景的驱动，联系在一起共享、应用、创造知识，促进自我成长；共同体是学习的社会情境，其成员交流协作、互帮互助，共同实践、共同学习；实践是成员主动参与学习、发展共享知识资源并进行实际运用，成员在实践活动中学习知识，然后又将知识运用到实践中，以获得新的实践知识。

实践共同体的形成对有效学习的发生有积极的促进作用。实践共同体的知识转化是一个正反馈循环，正反馈使得共同体成为一个学习主体，在实现个人学习的同时有效促进动态知识生成。实践共同体的维持和发展可以通过组织的参与和管理，提升知识共享水平。这一理论适用于课堂研究，对课堂建设有重要的启示意义。

混合式教学将面对面教学与在线教学相结合，是信息化时代高校英语教学改革的必然产物。北京科技大学“高校英语混合式教学团队”通过教学实践，解构并重构传统课堂，将混合式教学分为在线学习、课内应用和课外实践三个核心部分构成，它们在丰富的情境与应用的语境中互相联系、互相融合、互相支撑、互相促进。混合式教学弥补了传统课堂教学的不足，有利于充分发挥学生在学习过程中的主体作用，从而促进学生主动学习、自主学习、合作学习。

①在线学习。在高校英语的混合式教学模式中，在线学习形式主要采用小规模私有在线课程（Small Private Online Course，SPOC），教学资源包括语言知识学习和在线学习社区。学生通过自主观看精巧设计的微课视频学习语言知识，完成与课程内容紧密相关的在线练习和测验，以巩固语言知识。在线学习社区是学生与其他学生异步交流的场所，学生通过发帖和回帖，与其他学生和教师通过讨论交流、答疑解惑、沟通协作，分享语言学习资源和经验。

②课内应用。课内应用是指学生通过在线学习获取语言知识后，在面对面的课堂学习中将获取的语言知识加以应用。混合式教学下的课堂教学不再

以知识传授为主要形式，而是围绕主题创设语言应用情境，通过各种或基于语言或基于技能或基于主题的任务，使学生置身于知识展示、语言游戏、问题讨论、方案制定、小组汇报等语言应用活动之中，并通过与团队协作，共同在“做”的过程中不断提高英语应用能力。

③ 课外实践。课外实践是混合式教学模式不可或缺的部分。学生经过在线语言学习和课内语言应用后，最重要的是能将所学语言知识切实运用到实践中。课外实践通常围绕主题创设的真实性语言实践项目展开，是课堂学习的延伸与拓展。如学生合作完成诸如问卷调查、视频制作、海报设计等项目，并用英语进行课堂展示或线上展示，以培养英语的语言产出能力。

在高校英语的混合式教学模式中，学生成为知识的主动建构者，通过在线学习、讨论交流、团队协作等方式在实践中获取知识。学习方式的转变，对学生的自主学习能力、合作交流能力、语言实践能力等提出了极大挑战。为了使混合式教学模式实现预期的教学效果，有必要创建实践共同体，为语言学习提供互动交流、合作学习、共同实践等方面的支撑，充分调动学生的学习能动性，保障学生有效地参与混合式学习。

基于高校英语混合式教学模式的实践共同体是一种由学生和教师组成的学习型组织。学生为了获取英语应用能力，与其他学生和教师在实践过程中交流讨论、互动协作、共同实践，不断建构并发展英语语言知识和能力。

实践共同体的成员是参加高校英语混合式教学的 1603 名北京科技大学 2015 级学生。这些学生属于不同专业，共同在中国大学慕课（MOOC）平台上学习高校英语系开设的（在线课程）SPOC，获取语言知识，进行讨论交流，并分别进入各自的面授课堂与其他成员合作，完成语言展示、语言应用和语言实践等任务。

高校英语的实践共同体包含发起者、核心成员和一般成员三类成员角色。其中，发起者是指教师和助教：教师通过发布线上教学资源和课堂交流帖子、组织线下交流讨论活动、布置课后合作实践项目，积极推动实践共同体的形成和发展。助教则通过在线回帖为学生答疑解惑，维护共同体的正常运转。核心成员是指英语能力较强的骨干分子，他们通过线上主动发帖和回帖、线下积极引领课内活动和实践项目，分享英语语言知识和学习经验，领导其他成员进行语言实践学习。一般成员是指英语学习的参与者，他们通常按照课程要求完成线上线下语言学习任务，在发起者和核心成员的引领下参与线上线下的交流和分享，完成实践学习。

实践共同体成员具有共同愿景，短期目标是完成大学阶段的英语学习，获得课程分数；中长期目标是通过英语课程学习，提高英语应用能力。在共同愿景的驱动下，实践共同体成员积极参与相关的学习活动：① 自主学习在线课程，通过观看微课视频，完成在线练习，获取进行语言实践所需的知识。在这个过程中，可以随时在讨论区与其他成员讨论课堂话题，就在线学习过程中产生的疑惑提问，大家群策群力共同寻找解决方法，并分享学习过程中积累的学习资源和经验。② 进入面对面课堂内，在教师创设的相关学习情境中分享在线学习成果，并与其他成员互动协作，完成学习任务，应用语言知识，在共同学习中巩固在线学习成果。③ 对知识内容和语言能力进行梳理，与其他成员合作完成教师布置的语言项目并进行实践产出，在实践中相互启迪，获取新的语言知识与能力。

实践共同体成员的学习目标是通过在线学习、课内应用和课外实践，完成技艺传授、镜像学习和语言应用等学习活动，最终获取语言知识，提高英语应用能力。无论是在线讨论区的互动交流，还是课堂内语言应用任务的协作完成，都有利于学生不断地分享、应用知识，并在运用知识的过程中构建、内化知识。课外实践项目基于在线学习和课内应用取得的学习成果，要求学生在“做”的过程中将学到的知识内化为个人知识，并创造新知识。随着一个教学过程的完成，实践共同体成员也完成了一个语言知识获取的循环。

随着信息化时代的到来，学习者的学习方式正经历前所未有的革新，现代教育技术与外语教学的深度融合使混合式教学模式应运而生。学生作为学习的主体，需要提前做好充分准备，以迎接这种前所未有的学习方式。习惯于“填鸭式教育”“被动学习”的学生，要想适应混合式教学模式恐怕不易。实践共同体为学生提供了交流讨论、相互协作、共享知识、实践知识的途径，是高校英语混合式教学实施的有力保障。

（一）支持协作学习，实现知识获取

实践共同体成员由参与混合式学习的学生构成，他们具有共同的学习愿景、相似的知识领域，既是学习资源的提供者、分享者和受益者，又是新知识的生产者。在语言知识学习的过程中，实践共同体的发起者、核心成员和一般成员相互介入，所有成员共同协商，共同积累在线学习和自主学习的经验，相互协作完成各种语言学习活动、任务及项目，并通过镜像学习提升自己的英语语言水平和英语应用能力。

（二）强化语言应用，完善知识建构

实践共同体理论认为，学习是在实践的过程中进行意义协商、构建知识。高校英语实践共同体强调学习的共同参与，而不是单纯的知识输入。在这个实践共同体中，学生与其他成员和教师通过在线学习、课内应用和课外实践，积极参与真实情境的语言应用，分享知识、经验和想法，由知识的旁观者转

变为知识的实践者，将所学的知识运用到实践中，并在实践中建构新的知识，通过参与实践得以实现有意义学习。

（三）支撑语言实践，完成知识转化

实践共同体的学习活动以应用实践为主，学生积极自主地参与在线学习、课内应用和课外实践，这是一个学生交换显性和隐性知识并共同创造新知识的过程。在这一过程中，学生不断提高语言实践能力，通过语言实践激发已有的语言知识，同时通过资源共享、语言应用和实践活动等在实践中促进知识的应用，推动语言知识由隐性转化为显性，继而在语言实践过程中内化知识，使自己真正成为知识的“小主人”。

混合式教学模式是信息化时代教学改革的必然趋势，而高校英语混合式教学模式是外语教学与现代教育技术深度融合的产物。但是，要想让已经习惯了传统教师讲授型课堂的中国大学生转变学习方式，就需要有语言学习、应用等方面的支撑，这是有效实施混合式教学模式的关键问题。构建基于高校英语混合式教学模式的实践共同体，为解决这一关键问题提供了有效途径。学生在语言学习的过程中自主交流、相互协作、共享知识，并在语言实践的过程中共享、运用、内化、创新知识，这有助于在线学习和课内教学的有效实施，能切实提高学生的英语应用能力。

第三节　信息技术与英语教学的融合与创新

一、信息化背景下高校英语多元混合式教学模式改革

本节首先对信息化背景下混合教学模式进行了概述，分析了信息化背景

下混合教学模式的作用以及高校英语教学现状。从人本主义心理学派学习观、现代认知心理学派学习观两方面阐述了信息化背景下高校英语多元混合式教学模式理论基础，并针对高校英语教学中存在的问题，从线上学习资源整合、创新教学模式、改革教学方法三个方面提出了信息化背景下高校英语多元混合式教学模式的改革策略。

网络信息技术的飞速发展，转变了人们的生活方式，同时也影响着传统的教学方法。随着素质教育的发展，英语学习在大学教学中的地位逐渐提高。在网络技术与通信技术飞速发展过程中，信息技术逐渐被应用到教育领域，与传统的教学手段相结合，逐渐形成新的教学模式。高校英语多元混合式教学模式具有的便利性、普适性等特征，能够为学生提供更多学习资源，转变以往学习模式，从而提升高校英语的教学质量，提高学生的综合素质。

（一）信息化背景下混合教学模式概述

1. 混合式教学模式概述

混合式教学来源于是指将现代化的多媒体技术融入传统的教学方法中。高校英语是一门实践性和应用性都十分强的学科，教师需要应用多种方法，强调把传统学习的优势和互联网学习的优势结合起来提升学生的能力。混合式教学是以学生为中心，关注创新教育的一种教学模式，要在课堂教学中体现学生的主体地位和教师的引导、启发作用。混合式学习模式是以实践性教学过程为宗旨的教学方法，采用先进的教学理念和教学思想，运用现代化的教学手段，围绕学生自主学习能力的激发与引导构建教学系统。混合式教学模式充分利用网络教学资源，突破时间和空间的限制，这种教学模式改变了传统教学模式中的理论框架，通过实践将英语知识运用到生活中，有效地提升了英语教学的效率。

2. 信息化背景下混合式教学模式的作用

混合式教学模式能够创建不受时间与空间限制的学习环境，带给学生全新的体验，得以拓展英语教育的平台，实现教学方法的创新，同时，信息化背景下混合教学模式为学生提供了更多的学习资源的在教学过程中，教师可根据学生的实际情况因材施教，学生充分调动主动性。

高校英语作为必修课，在大学教学中占有重要的地位。传统高校英语课堂通常以大班形式授课，学生往往是被动的接受者。混合式教学模式结合新媒体模式，综合运用信息技术，师生之间形成了一种新型的互动关系，从而实现了一种新的教学相关的正向循环。

（二）信息化背景下高校英语多元混合式教学模式的理论基础

1. 人本主义心理学派学习观

人本主义观的代表人物是罗杰斯，其观点是将学生作为教学的主体。他认为在学习的过程中，教师在传授知识的同时，要为学生创设轻松的学习环境，使得学生在学习中减少压力。教师在教学的过程中，要留心观察学生的一举一动，时刻关注学生的学习情况，对于在学习上有困难的学生，要及时进行辅导，并对学生进行鼓励，对表现优异、能够帮助他人的学生给予表扬。教师要帮助学生形成良好的自主学习意识，使学生能够高效地进行自主学习。人本主义学习观观强调学生的自主观念，体现了以学生为中心的真正含义。

2. 现代认知心理学派学习观

建构主义在 20 世纪 90 年代开始流行，其代表人物皮亚杰，认为，知识的形成是外部环境和内部环境共同作用的结果，学生在自我学习的同时，能够通过学习和教师的指导获得知识，同时也能在相应的社会背景下通过摸索获得课外知识，在构建知识体系的过程中逐渐体会学习的内涵。教师在教授学生知识的同时，要帮助学生构建知识体系，掌握学习方法。建构主义学习观强调了外部环境的重要性，外部的环境会对学生的学习状态和学习效果造成一定的影响，良好的学习环境能够为学生创造好的学习氛围，从而提升学生学习的主动性，帮助学生更好地建构知识体系。

（三）信息化背景下高校英语多元混合式教学模式改革策略

1. 线上学习资源整合

高校英语教育的发展方向是为社会经济发展输送复合型应用人才，在高校英语教学实践当中应融入学科专业知识，使学生的学习更加具有针对性。信息教学具有交互性、开放性、丰富性等特点，因此应充分发挥其优势，为学生提供丰富的教学资源。混合式学习模式与高校英语教学目标相契合，可帮助高校英语教学目标更好地实现。在学习任务目标设立中，融合学科知识，同时在教学情境设计中融入学科知识元素，不仅使学生能够更加准确理解英语知识，而且同时也间接地习得了相关学科知识。教师可根据学习内容，设置悬念问题，引发学生思考，营造课堂教学情境，吸引学生注意力。此外，高校还需定期开展知识讲座，及时更新教学内容，真正做到与时俱进为学生扩充教学资源，从而提升学生学习效率。

2. 创新教学模式

信息化教学是一种全新的教学模式，它以学生为课堂主体，可与各种教学手段相融合，以培养学生的自学能力、表达能力和综合应用能力。教师可在导入新课环节中，利用信息资源的丰富性与开放性，从不同的角度为学生提供教育资源，并以多种形式呈现给学生，激发学生学习兴趣。引入翻转课堂教学法，教师将重点的学习资料上传至云端，学生可根据个人情况选择适合的时间自学习，有时，教师可将教学内容进行筛选，为学生创建有趣的情境，使学生投入情境中，主动参与学习。翻转课堂打破了传统教育模式的禁锢，将课堂时间进行了重新规划，合理的课程安排能够使学生注意力保持集中，积极参与课堂。此外，教师也可将学生分为小组，以此培养学生团队协作能力。在高校英语教学中会出现较多的教学重点与教学难点，因此，教师要适当挖掘教材的潜在内容，利用信息技术手段为学生创设情境，使学生直观地感受到情境中的语言、环境等，从而使学生引起共鸣。不同于传统模式的教学，慕课教学能够充分调动学生的积极性，并根据学生的实际需求设置灵活的课程内容，学生在课上课后都可以进行英语的学习。教师可通过互联网对学生的学习情况进行考核，同时学生可以借助校园网络对教师的教学情况进行评价。

3. 改革教学方法

信息化背景下高校英语多元混合式教学模式可与多种教学模式相融合，进行创新与整合，逐渐形成新的教学方法。互动式的教学模式不同于传统的教学模式，具有创新性、创造性的特征。它注重打破传统教学模式的束缚，保持师生身份平等的互动。基于互动式教学模式而建立的信息化学习平台，为学生提供了丰富的学习资源与海量的知识，两者共同组成了教学模式系统模型的根基。通过创建现实情景认知、信息交融、合作学习等服务，为学生提供相应的应用，通过借鉴和融合相关教学法，混合式教学法逐渐体现出实效性。

加强大学生英语能力的培养，第一要准确地认定语言学习和语言应用能力之间的关系，防止基础能力和上层能力有所冲突。想要有效地提高大学生的英语应用能力就要摒弃传统的教育观念，将应用能力作为培养的根本目标，把教学模式从传统的知识讲授转变为语言知识和语言技能学习。其次，需要根据学生的学习能力和现阶段对英语的要求，制订合理的教学方案和课程安排，加强重点性和有特色的英语大纲安排。最后，还需要重视英语的人文教育，提升学生自主学习的意识和能力，重视对学生的奖励机制，最大程度调动学生的学习积极性。加强跨文化知识的学习、提高英语应用能力的同时也要加强文化思想培养，二者要相结合，不可偏失。

随着移动互联网的普及与应用，教育领域发生了巨大的变革和创新。在2007年教育部发布的《高等教育英语课程教学要求》中就明确提出："各校应积极引进和使用计算机、网络技术等现代化教学手段，开发和利用数字化教学资源，构建适合学生个性化学习和自主学习的新的教学模式，培养学生的自主学习能力；借助虚拟现实技术构建仿真的职业工作场景，提高学生的职场交际能力。"2012年教育部印发《教育信息化十年发展规划2011-2020》，其中也提到"加快职业教育信息化建设，支撑高素质技能型人才培养"。为此，以互联网技术支持为特征的混合式教学模式在当今大学课堂上得到了广泛地应用并且取得了良好的教学效果。本节以"互联网+"为背景，结合高校英语教学现状，着重探究混合式教学模式在高校英语教学过程中提升学生英语应用能力的策略。

随着教育信息化技术的深入应用，混合式教学再次吸引了人们的注意，它把以往的教学优势和数字化教学优势有效结合，形成互补，进而获得更好的教学效果。美国学者斯密斯·J与艾勒特·马西埃在2002年时提出"混合式教学"，即把传统模式下的学习与E-learning这种纯技术模式相结合。北京师范大学的何克抗教授把"混合式教学模式"定义为"把传统教学方式的优势和网络化教学的优势结合起来，既发挥教师引导、启发、监控教学过程的主导作用，又充分体现学生作为学习过程主体的主动性、积极性与创造性”。[①] 不难发现这种混合式教学理论其实是把建构主义学习理论、人本主义学习理论与结构主义学习理论相结合，其中混合式教学受建构主义学习理论的影响最大。在混合式教学模式中，要求学生主动地接受知识，是接受信息的加工者。

高等教育是我国教育体系的最高层次，不仅担当培养学术人才的重任，还担当为各行各业培养技能型人才的重任。其中，高校英语是高等教育中一门必修课。中央广播电视大学刘黛琳教授提出“英语着力提高学生的语言应用能力、职业技能与职业素养，促进学生全面发展”。[②] 如今，各大高校的外语教学改革如火如荼地进行，一些高校已取得了阶段性的成果，但是存在的问题不能忽视。经过笔者调查部分高等院校的英语教学现状，发现存在如下问题。

学生英语基础薄弱，英语水平参差不齐。因为高校学生的生源地和入学方式不同，所以学生的英语基础薄弱，英语水平参差不齐。以笔者所在长春大学旅游学院为例，学生的生源地主要集中在吉林省内，来自省内城市的学生，英语基础要比省内农村的学生英语水平高得多。随着高考单独招生政策的普遍推行，一些没有足够能力考上大学的学生，尤其是英语成绩较差的学生，通过单招考试，成为一名高等院校的大学生。另外，多年的义务教育，使学生认为英语学习就是为了考试。正因如此，如今的大学生英语水平不容乐观。

---

① 何克抗：“语觉论与大学英语教学改革”《中国大学教学》，2005 年版，第 9 期。

② 卢玲蓉：《 致用英语综合教程》，刘黛琳编，外语教学与研究出版社，2012 年版。

高校英语课时少，班型大，课堂内外没有积极有效地互动。高校英语是大学生必修的课程。目前，各高等院校的课程设置趋势是重技能、轻理论，重专业、轻基础，高校英语课程在各个高等院校普遍存在的问题是课时少。以笔者所在院校为例，高校英语每周仅为四学时，且由于学生人数多，因此英语课的班型有时都是合班课，即每个班有 100 人左右一起上英语课。这样计算下来，学生全年英语课如果不积极主动，那么在课上恐怕没有一次说英语的机会。大二学年，很多学生对英语学习产生抵触情绪，因此还会有一进大二就彻底不再学英语的情况。课上学生没有机会和教师就英语学习进行沟通，课下师生之间更无互动。

高校英语教师缺乏信息化技术的掌握与应用，无法充分使用多媒体教室的功能。高校英语教师大部分都是英语语言文学专业毕业，从高校毕业直接进入校园走上讲台。教师具有专业的英语语言与文学知识，但是对信息化技术的知识掌握得甚少。目前，大多数高等院校的教室都是多媒体教室。教室内不但有投影仪、电脑，还有无线网络接口。在授课过程中，虽然能应用简单的多媒体课件，但是把各项信息化技术融入课堂难上加难。但毋庸置疑的是信息化技术在英语课堂中的应用不但能丰富课堂内容，而且能更好地调动学生英语学习积极性。

高校英语教材内容新颖，但实用性不佳。当前的高校英语教材充分体现大学外语教学改革成果。本科院校的英语教材注重理论性，大专英语教材注重培养学生英语应用能力，充分体现实用为主，够用为度。但是在帮助学生打好语言基础的同时，该教材缺乏注重培养学生在不同职业场景中的英语交际能力，无法体现它的职业性和实用性。

（四）“互联网 +”时代下混合式教学模式提升学生的英语应用能力策略

“互联网 +”的演进与发展离不开网络背后的大数据、信息技术以及由知识推进的向智慧型学习环境的创新。在“互联网 +”背景下，融入混合式教学模式的高校英语在提高学生英语应用能力方面的策略有以下三个方面。

1. 基于混合式教学模式，构建网络教学平台提升大学生英语综合应用能力

混合式教学模式将传统教学模式的优势和网络教学的优势结合，以建构主义学习理论为基础。混合式教学模式在高校英语课堂中的应用可以充分调动学生自主学习英语的主动性。虽然一些学生的英语基础较差，但是能够主动对所学英语知识进行探索和发现。通过混合式教学模式，教师不但可以通过网络进行授课，还可以备课、布置作业、批阅作业、在线答复，同样，学生可以在线下与老师互动，答疑解惑。比如，通过网络教学平台，教师将上课的资料上传到教学平台上，学生在课余时间既可温故知新，又可在网上完成老师布置的作业，老师也可以集中回答学生提出的问题。这种学习平台强化了高校英语教学中的实践教学环节，提升学生听、说、读、写、译的综合能力，让学生真正体验语言交际功能。

2. 基于混合式教学模式，构建真实职场环境，提升学生英语文化素养和职业素养能力

正如刘黛琳教授所说：“高校外语教学改革，必须以外语能力为核心，以职场背景为依托，以实践实训为途径，提高职场环境下的外语交流能力。”[①]在高校英语课堂教学中，教师采集网络中的音频、视频素材进行编辑，成为

① 卢玲蓉：《致用英语综合教程》，刘黛琳编，外语教学与研究出版社，2012 年版。

上课的多媒体课件。这些资料使学生置于真实的语言环境中，更直观地感受到纯正的英语发音和真实的工作场景，激发学生学习英语的兴趣。此外，师生间的互动途径增多，课上师生直接面对面地交流，课后通过微信或 QQ 等聊天工具，学生和老师不受时间和空间的限制，从而为学生学好英提供便利条件。比如笔者在每学年都会为所教班级建立一个 QQ 群或微信群，方便学生和老师交流。在 QQ 群或微信群中，每个班级的课代表承担管理员的职责，帮助老师管理群，发布信息、汇总学生问题，笔者只需解决学生的实际问题。这个小小的 QQ 群或微信群类似一个小小的工作环境，进而让学生提前体验真实职场。

3. 基于混合式教学模式，促使英语教师提升信息技术应用能力

混合式教学中，微课中展现的语法、语言现象及语言展示可以让学生更生动直观地理解。此外，教师制作微课时，能把所教知识的积累从以前的备课教案变成文字影视等数字材料。教师可以根据课堂讲授内容更灵活地利用这些数字材料，让课堂更具有吸引力。慕课使学生的学习时间和地点扩展为更广阔的空间和拥有更灵活的时间。不难看出，在当今大学中，不断增加微课、慕课的课堂比例，增强学生的学习兴趣，激励老师不断提升技术技能。

“互联网 +”时代下混合式教学模式在高校英语课堂中的应用，优化了英语课堂教学模式，改变了人才的培养途径。但是对于缺乏英语学习兴趣的学生，缺乏自学能力的学生，通过混合式教学真能提高他们的学习兴趣吗？这些问题亟待探讨。

信息技术发展日新月异，以计算机与网络为特征的教学媒体，逐渐改变了传统的教学环境和手段。2007 年教育部颁发的《高校英语课程教学要求》中指出“高校英语的教学目标是培养学生的英语综合运用能力，提高综合素

养”，并明确指出“各高校应充分利用现代信息技术，特别是网络技术为支撑，采用新的教学模式改进原来的以教师为主的单一课堂教学模式，向自主学习的方向发展”。由此，高校英语教学必须面对信息技术对传统教学方法手段的冲击，多元互动教学模式可以实现教学方法、教学方式，使英语教与学在一定程度上不受时间和地点的限制，朝着个性化手段、教学内容、教学场地，还有教与学的多元化，促进教学质量，全面提高学生英语综合应用能力。

瑞士哲学家、心理学家皮亚杰（J.Piaget）① 提出的建构主义，是多元互动教学模式的理论依据之一。其核心思想是：知识不是以传授、以孤立的方式获得的，而是学习已有经验的基础上，通过与外界的相互作用，重新建构内容与意义的方式获得的。其核心内容便是强调以学生为中心，以学生为驱动，教师在整个教学过程中，只是引导者和促进者。此外，混合学习理论也是多元互动教学模式的另一个理论基础。这一理论是要把传统学习方式的优势与信息技术的优势结合起来，在多元互动过程中，既发挥教师引导、启发、监控整个教学过程的作用，又能充分体现学习主体的主动性、积极性和创造性。

信息技术环境下的多元互动，就是学生主动参与整个学习过程，在老师的指导和帮助下，通过学校提供的信息技术条件，调动自身认知经验与学习能力，主动理解、诠释和建构知识的自主学习过程。

（1）教学方式的灵活性。信息技术环境下的多元互动教学模式中，教学方式包括教学方法、教学手段、教学内容、教学组织形式等，这些因素各种组合，相互交织，供师生充分利用，全方位总结英语学习，有效培养学生自主学习能力。

---

① 皮亚杰：“教育往何处去”《小学时代(教师版)》，2012年版，第12期。

（2）教学环境的开放性。信息技术环境在提供了丰富的英语学习资源的同时，也为学生拓展了学习渠道，教学资源的互通有无，使得学习者具有更大的学习主动权和自主选择权。学生可以根据自己的兴趣爱好和学习要求，自由选择学习的内容、时间和地点，通过信息技术平台整合、分析信息，根据自己的具体情况制订学习进度。而教师也可以依据信息技术平台，一方面对学生的学习内容进行检测，对学生的学习进度进行监督提醒，以保证学生不会偏离教学的主题，另一方面，也可以与不同地区、不同学校的同行进行相互交流。

（3）教学过程的主动性。信息技术及各种学习软件的推广，为学生提供了更多的学习机遇。学生可以通过信息平台，用图像、音频及文字等方式，与同学、教师即时互动，这样，学生能够获得更多的话语权，可以最大限度地展示自己的学习主动性以及自主学习的能力。

（4）教学评估的多样性。教学评估是高校英语课程教学的一个重要环节。单一的教学模式，其评价也存在片面性。信息技术环境下的多元互动教学评估，关注学生在多元互动过程中的体验、情感及态度，采取“学生自评＋教师评价”的方式，结合学生自主学习系统的记录，从试卷考试、线上学习以及课下活动几个方面进行教学评估。

信息技术环境下多元互动教学模式，坚持“教学并重”，教师要起到导学、促学、督学的作用，要成为课程主动开发者，不断提升自己的教学理论水平，掌握现代化信息技术。一方面依据教学大纲，对学生的综合能力进行全面评估，进而设定合理的教学要求及目标。另一方面，要积极向学生传授高校英语学习方法，引导学生了解每次课的总体设计，熟悉教学过程中所有的教学活动，并制订可行的学习目标，同时指导学生学会使用新的技术手段，掌握英语互动学习的技能，使其学会利用信息技术组织整合英语知识要点，完成知识的内化。最后，还应该对学生的学习过程进行跟踪和监控，一方面及时解答学生学习过程中出现的问题，以保障学习进度和效果，另一方面以培养学生英语学习兴趣为重点，在教学过程中，从“教什么”入手，思考“如何教”，要创设有利于学生学习的语言环境，组织丰富多样的教学活动，鼓励学生大胆展示，以充分调动学生学习的积极性，培养学生学习的好奇心和求知欲，并反思“教得如何”，总结教学经验，提高教学效果。

信息技术环境下的多元互动教学模式，要求学生在学习动机、学习策略及学习时间上，成为主动构建者。学生应该充分发挥主体作用，在课前、课时及课后，积极参与教师所设计的一系列教学活动，进一步提高解决问题的能力。并主动运用信息平台，积极与教师、同学进行网上交流，分享学习经验，探讨研究问题，并反馈学习信息等。另一方面，学会在获取丰富学习资源后，对适合自己水平的学习内容进行筛选，有意识培养自己的创新意识，不断提升发现问题、解决问题的能力。信息技术环境下多元互动高校英语教学模式充满了挑战性。它要求教师会在完善自己专业知识结构的同时，熟练应用信息技术，这样，当学生的学习行为受到阻碍时，教师能针对具体问题采取合适的方法和手段，引导学生去克服障碍，即一方面对学生进行学业上的指导，另一方面对学生进行心理上的疏导。另外，学生对信息环境下的教师素质有着很高期望，希望教师有诲人不倦的耐心；有良好的表达能力，能给出有效建议；有乐观的生活态度，并且能鼓励他们的创造性思维。由此可见，在多元互动英语教学模式下，教师需要调整教学思路和方式，在品德、知识、能力、情感以及教育理念等方面不断完善自我，通过自己的积极作用来影响学生的学习行为。信息技术环境下多元互动模式，也提高了对学生的要求。一方面，学生要学会管理时间，通过科学安排线上线下学习，熟练掌握基础知识及听说读译的技巧。另一方面，学生能在教师初期的督促下，逐步自主学习，并在这个过程中，学会根据自己的水平、目标，筛选学习内容，能通过个体独立学习，与教师沟通，与同学交流，养成发现问题，解决问题，总结经验的好习惯，从而提升学生的沟通、合作等综合能力。

综上所述，随着教育信息数字化、现代化的发展，多元互动英语教学模式，不仅为学生学习英语提供了更加便利的条件，同时对教师、学生提出了新的挑战。信息技术环境下的多元互动高校英语教学模式，采取了多种教学手段与更丰富的教学内容，使得教师、学生、教学内容的内涵得以更好地开发，最终力求达到最好的教学效果。

二、大数据视域下的高校英语教学模式创新分析

在科学技术不断发展的推动下，高校英语教学作为促进学生英语综合应用能力与水平提升的重要途径之一，不仅具备了智能化、信息化的特点，而且其教学水平也得到了大幅度的提升。本小节主要是就大数据视域下的高校英语教学模式的创新进行了简单的阐述和分析。

（一）大数据视域下优化高校英语教学观念

大数据时代背景下的高校英语教学模式创新，必须充分重视英语教学观念对英语教学水平提升所产生的影响。随着信息化时代的来临，高校应该将促进英语教学质量的提升以及培养优秀英语专业人才作为其教育教学活动开展的首要目标。而英语教学观念的转变则是确保这一目标顺利实现的关键。经过深入的调查研究发现，现阶段很多高校都存在着英语教学观念传统落后

的现象。而这也是导致高校英语教学无法适应信息化社会发展需求的重要原因之一。为了改变这一现状，高校必须紧跟大数据时代发展的步伐，积极地进行英语教学体系的重新调整与设计，同时要求高校英语教学工作者转变传统英语教学理念，通过建立内部信息化与数字化英语教学体系的方式，促进高校英语教学质量和效率的不断提升。

（二）大数据视域下创新大学生英语学生形式

大数据时代为全民信息化时代的来临奠定了良好的基础。通过分析影响高校英语教学效率提升的原因后发现，在进行大数据视野下的英语教学模式改革与创新时，教师教学手段的丰富以及教学方法的创新，不仅是促进学生英语语言应用能力不断提升的关键，而且也是衡量教师教学能力高低的重要标准。而高校英语教师必须积极学习先进英语教学理念以及教学设备操作的方法，才能促进其英语教学能力和效率的全面提升。比如，使用多媒体、微课或者慕课的英语教师比使用传统口头教学、提问或者板书教学的英语教师更受学生的欢迎，而且学生学习的主动性和积极性也相对更高。所以，教师必须紧跟大数据时代发展的步伐，充分发挥信息技术的优势，将学生的兴趣爱好与英语教学紧密地结合在一起，引导和鼓励学生运用现代、科学的方法学习英语，从而达到促进学生英语学习质量和效率不断提升的目的。

（三）大数据技术可以更好地了解大学生的切实需要

大数据不仅具有数据收集、分析的能力，而且利用大数据得出的数据分析结果的准确性以及参考价值也相对较高。所以，高校必须充分利用大数据的这一特点，收集和整理大学生英语学习的实际需求，然后根据最终的数据分析结果，制订切实可行的英语教学策略，才能满足大学生英语学习的要求。

比如，高校可以通过了解大学生使用搜索引擎的方式掌握学生学习的兴趣和需求，寻找学生学习英语知识的兴趣点，然后再根据学生学习的兴趣，制订英语教学计划并安排英语教学内容。另外，高校还可以采取填写网络调查问卷的方式，征求广大学生对英语教学的建议和想法，然后根据实际的情况及时地进行英语教学方法的改革与创新，才能达到促进高校英语教学质量和效率稳步提升的目的。

（四）大数据视域下可以更好地实现个性化教学

信息和数据泛滥是大数据时代最显著的特点之一，那么怎样在海量数据信息中选择符合自己需要的信息，这对于学生的学习具有极为重要的影响。这就要求高校英语教师在日常教学过程中，必须在加强学生信息选择能力培养的同时，要求学生运用外界力量就自身的需求进行挖掘，才能确保学生能够顺利地找出符合自己要求的信息。比如，高校图书馆中隐藏着不同的学习资料、文学资料以及学术资料等数据信息。为了充分发挥出这些数据信息对学生学习的帮助，高校必须采取积极有效的措施为学生提供个性化的服务，才能不断提升图书馆资源利用的效率。另外，高校应该紧跟大数据时代发展的步伐，积极地利用多媒体教学设备启发学生的兴趣，通过多媒体播放美剧为学生营造良好的英语学习环境，引导学生在轻松愉悦的环境下学习英语知识。由于信息共享是大数据时代的主要特点，高校在开展英语教学时，必须将学生视为大数据时代的信息载体，通过与学生之间建立信息共享平台的方式，激发出学生学习英语知识的兴趣。比如，教师可以将经过整合的英语资料放在共享网络上，而学生则可以通过下载教师共享的资料进行英语知识的学习。经过这样的过程，不但学生自主学习的能力得到了有效地培养，而且学生与学生之间的信息共享也为团队精神与合作精神的培养奠定了良好的基础。

（五）大数据视域下可以更好地进行智能平台的建设

大数据时代为高校英语教学向科学化、信息化、现代化、高效化方向的发展提供了新的契机。作为高校而言，必须充分借助大数据时代的优势和机遇，构建符合自身实际发展需求的智能化英语教学平台。比如，现阶段我国高校流行的慕课、翻转课堂等新兴的英语授课方式，都是在大数据的推动下兴起并被广泛应用的，充分发挥大数据时代的优势，建立智能化的英语教学平台，对于调动学生的英语学习兴趣有着极为重要的意义。

随着高校智能化英语教学平台的建立，英语教学效率以及学生英语学习效率都得到了显著的提升。所以，高校必须紧跟大数据时代发展的特点，积极地进行传统英语教学模式的改革与创新，才能在满足现代社会与大学生英语能力需求的基础上，为大学生后期的成长与发展奠定坚实的基础。

总而言之，大数据不仅是当前时代发展的主要特征，而且大数据技术的推广和应用已经成为社会发展的必然趋势。对于高校而言，必须紧跟社会发展的步伐，充分发挥大数据技术的优势，进行英语教学模式的改革与创新，才能确保英语教育教学工作的顺利开展。同时，高校还应重视大数据时代的特点和要求，进一步拓展英语教学的范围，才能在促进高校英语教学水平和质量不断提升的同时，培养出符合大数据时代特点和要求的综合型应用人才。

大数据是信息技术领域中的一项重要的变革，它蕴含的信息价值越来越大，社会上关于大数据的研究也越来越多。高校是学生成长的重要场所，在信息时代背景下，学生与外界的联系越来越多，国际一体化成为一个必然趋势，英语教学成为高校教育的重要内容。在新的环境下，高校的英语教学也要不断创新，传统的英语教学模式已经不再适用，在高校的英语教学过程中，要积极加强对各种新的信息技术的应用，利用大数据技术开发自身潜力，加强对高校发展过程中的各种数据的挖掘，从而借助新媒体平台加强各种消息的有效传递，从而使得高校的英语教学效率不断提升，实现数字化、信息化发展。

（一）大数据时代

大数据时代是当前信息技术领域中的一个热词，随着互联网的迅速发展，学生在生活、工作、学习过程中对网络的依赖程度越来越大，我国的网民数量还在不断增加。大数据就是在这样的背景下产生的一个概念，大数据也叫作巨量资料，可以将大数据时代理解成为一个海量信息的时代，从字面意义来讲是指有大量丰富的数据存在，但是数据量的规模并不是大数据存在的真正意义，大数据的真正意义就在于应用，是要将这些信息挖掘出来，发挥其真正的作用。

（二）大数据时代背景下高校的英语教学现状

随着大数据的不断应用，当前各个领域对大数据的使用频率也比较高，高校是学生学习的重要场所，同时也是科研聚集的地方，很多教师、教研人员都在积极加强科学研究，在各个领域中随时都有新信息的出现。作为教育的场所，其本身就蕴含了丰富的信息，加强对高校信息的挖掘，可以有效地将高校的信息呈现出来。在大数据环境下，高校英语教学变得更加快捷、方便，大数据是以互联网为基础的，我们可以借助互联网实现快速的信息挖掘以及传播目的。比如当前很多大学生在学习生活过程中很喜欢观看一些比较优秀的美剧，美剧一般都有一定的连续性，而且逻辑思维较强，是丰富学生的业余生活的一个重要载体，而且学生在观看美剧的时候往往也能从中学习英语，从侧面带动学生学习英语的积极性。美剧在人们的生活中扮演了十分重要的角色，应该要加强美剧的引导和宣传作用，加强学生对英语学习的认识，从而能够积极参与到各种英语学习中来。

尽管大数据时代为高校的创新发展提供了机遇，但纵观传统高校英语教学可以发现，高校在创新发展的过程中依旧面临许多挑战，最明显的就是信息化程度不够，对各种现代技术的应用不足，这些信息滞后问题在大数据不断应用的过程中得到了一些解决，比如很多高校当前都已经开始加强高校网络的建立，并且借助大数据挖掘技术，对高校的信息进行深入挖掘和分析，并且正在积极加强应用，将这些数据信息与教学过程实现融合，但需要注意的是，大数据技术在高校中的使用状况并不乐观。

大数据时代背景下，高校英语教学模式创新，是对高校发展提出的一个全新的要求，也是提高高校英语教学水平的重要途径。信息化时代，承载信息、知识传递功能的高校，必须要对传统的英语教学理念进行改革。当前很多高校的工作人员对高校的英语教学的理解还比较传统，使得高校的发展不能适应信息化时代。对此，高校应该要结合大数据时代对高校提出的全新的要求，采取各种手段对高校英语教学体系进行全新的设计，对高校英语教学人员的英语教学理念进行改革，从而在高校内部实现信息化、数字化英语教学，加强对各种大数据技术的应用。

（三）利用大数据技术对学生英语学习需求进行了解

大数据时代整个社会都呈现信息化趋势，在这个过程中，高校要提高教学效率，则必须要加强对学生的学习兴趣点的研究，需要在此基础上，借助大数据技术来分析学生在使用网站的检索功能时产生的一些访问记录，从而对学生的阅读需求进行有效地掌握，根据这些信息挖掘出学生的行为方式和兴趣爱好，给学生推送更多感兴趣的信息，比如有的学生通过学校图书馆系统搜索一些英文原著，图书馆系统可以根据相应的检索分析技术，为学生推送更多与英美文学相关的材料，从而使得学生可以接收到更多相关的信息。通过大数据分析，高校在推送消息的时候是一种个性化英语教学，这种推送方式有较强的针对性和指向性，被学生接受的成功率更高，也能帮助高校更好地实现英语教学。在利用大数据技术对学生的学习需求以及喜好进行了解之后，应该要给学生推送更多消息，让学生能够在学习过程中获得更多丰富的资源素材。

（四）基于学生需求实现个性化英语教学

大数据时代最大的一个特征就是信息泛滥，面对如此巨大的信息量，很多学生都会考虑如何才能找到自己想要的信息。因此，学生需要借助外力帮助他们分析潜在需求、挖掘隐性知识、推送所需信息，以此来满足自身的信息需求。在高校的图书馆中，有很多丰富的信息，比如学术资料、文学资料等，在大数据时代应该要加强对高校图书馆的利用，为学生提供更多个性化的学习资料，让学生在学习生活过程中可以加强对这些材料的应用，提高自己的英语学习水平。再比如可以利用美剧为英语学习的发展提供良好的媒体环境。为了引导学生对英语学习有一个更加全面的认知，媒体依旧有责任，各种美剧不仅是学生放松生活的调剂品，更是引导学生对英语学习文化进行了解的一个重要载体。首先，美剧应该要对英语学习进行准确的定位，能够了解到英语学习在人们生活中的重要意义、美剧对英语学习教育的深入推进带来的意义，从而能够在媒体宣传过程中对人们关注的英语信息进行宣传，使得人们能够在生活和工作过程中利用英语学习改变自己的生活方式。其次，政府和社会要积极合作，引进更多优秀的美剧，使得美剧传播的题材类型越来越多，让群众在观看美剧的时候能够对不同领域中的题材有更多地了解，并且也能对不同领域和行业中的英语表达有更深的认识，提高人们对英语学习的兴趣和爱好。高校英语教学过程中加强对新媒体资源的应用，离不开各种信息的共享，学生就是一个重要的分享主体，在新媒体教学过程中，学生与教师之间的交流可以不再是传统的面对面形式，教师可以分享各种新媒体资源，比如教师可以将一些高校英语资源整合在一起，比如一些英语访谈节目，再将其打包上传到网络上，学生通过下载和学习，可以提高自己的听力能力和口语能力。学生也可以成为传播的载体，通过各种新媒体平台将一些新媒体资源分享给自己的同学，从而实现这些新媒体信息的共享。

综上所述，大数据是当前时代的特征，大数据技术应用的领域也十分广泛。借助大数据技术可以使得高校的英语教学变得更加精准，使得高校的英语教学工作可以更好地开展，能够不断调整发展战略。在未来的发展过程中应该要根据大数据时代的特征以及要求，加强对高校的英语教学范围的拓展，使得高校的英语教学水平不断提升。如今，我国的经济发生了翻天覆地的变化，城市化水平越来越高，现代化水平也越来越高。到了21世纪迎来了全球信息化时代，科技水平和生产水平都有了显著的提高。这一时期也被人们称之为大数据时代，在大数据时代的背景下，人们的生产和生活方式都发生了巨大的改变，这种生产生活以及时代的改革都对高校教育产生了影响。英语作为使用国家最多的语言，成为高校课堂教育的基础课程之一，但在大数据的时代背景下，传统高校英语教育的模式渐渐显露出了一些问题。为了帮助高校英语教育适应时代发展的潮流，满足大数据背景下对高校学生英语能力的要求，高校不得不对传统的英语教育模式进行改革，从而提升学生的英语水平。

本节从大数据视域下高校英语教学的现状、大数据视域下对高校英语教学模式进行改革创新的重要意义以及大数据视域下高校英语教学模式应该怎样创新这三个方面出发，对大数据视域下高校英语教学模式的创新进行了分析。希望本节提出的观点对于促进高校英语教学模式改革，为社会培养可用人才，提高国家的软实力和国际竞争力提供帮助。

在互联网技术的不断发展之下，学生的生活、工作和学习都已经渐渐离不开互联网了，互联网对学生的影响越来越重要。随着时代的不断发展，我国网民越来越多。大数据就在这种背景下逐渐产生了，大数据时代有一个别称就是巨量资料时代，因此我们可以将大数据时代理解成海量信息时代。从字面上来理解，现代社会拥有大量丰富的数据，如何对这些数据进行应用，将数据背后的信息挖掘出来，并且将数据背后信息的作用充分地发挥出来是现阶段值得思考的问题。大数据时代下的高校英语教学也发生了一系列的变化，在大数据的背景下，高校的信息呈现更加迅速和有效，高校英语教学变得更加方便和快捷。当代大学生可以利用空闲时间观看优秀的美剧，美剧具有连续性和逻辑性强的特点，所以在观看美剧的过程中，学生不仅能够丰富业余生活，还可以学习英语知识，培养英语的语感。所以说大数据的时代，给高校英语教学模式的创新提供了机遇和平台，但在实际的创新过程中，依然面临着很多挑战，其中最明显的就是授课方式比较陈旧，以及信息化的程度不够高等方面。

笔者在对部分高校进行实地考察后发现，在大多数高等院校当中依然采取传统的教学模式进行高校英语教学，这一教学模式使用的主要教学方法是教授法，也就是传统的教师在上面讲，学生在下面听。这种教学模式没有将学生的主动性发挥出来，教师在整个英语教学课堂中占据主导地位，学生的兴致难以提升。整个课堂气氛低沉。在这种教学模式下，学生的英语实践能力难以提升，且学习的效果不佳，在教学结束后，教师还会给学生布置相应的作业用来巩固上课所讲的内容。这种教学模式在我国的应用时间非常长，并且在一定程度上是有着良好的教学效果的，但是随着时代的发展，这种教学模式已经不适合现在大学生的发展需要。他们毕业后需要进入社会，但是利用这种教学模式学习到的英语知识难以在生活和工作当中得到应用，不能满足学生对于工作的需要。

我们知道在大学期间学生需要通过全国英语四级和英语六级的考试，所以大多数的英语教师将工作的重点放在了教授英语四六级的知识上，教学目标是如何通过英语四六级考试。所以他们对于学生在实际生活中如何应用英语并不十分关注。当大学生离开学校进入工作岗位需要运用英语进行交流时，就会不知所措，难以进行交流。

英语是世界上使用国家最多的语言，随着国际交流越来越频繁，对于学生英语能力的要求就更加高了。我们进行英语学习是为了更好地进行国际交流，更好地了解世界的发展状况，更好地认识世界。因此，我们要求英语教学与时代接轨，顺应时代发展的步伐。

大数据时代为英语教学与时代接轨的要求提供了机遇，在这一时代，大量的信息在人与人之间传播，在国家与国家之间共享。互联网就成为学生获取知识进行交流的主要工具。对于高等院校的大学生来说，就可以利用互联网在网上查找数量较多、质量也比较好的英语知识。当高校的学生改变了对于大数据和互联网的认识，让大数据为英语学习提供更好的服务时，他们的英语学习水平和英语实践能力将有显著的提高。

高校是人才培养的主要基地，所以它对于学生的培养方式和培养手段会直接地影响到高校的教学质量和大学生今后对社会的适应能力。高校日常教学的重要组成部分之一是英语教学，所以在大数据视域下对高校教学模式进行改革创新对于提高高等院校的教学质量，帮助学生更好地适应社会，提高学生的就业率都有着积极的作用。此外，21 世纪的两大潮流是经济全球化和世界多元化，所以国家与国家之间的交流越来越广泛，英语作为最重要的交流语言之一，一直受到关注。在大数据时代，传统的英语教学模式已不适应现代社会发展的需求，所以迫切需要进行改革和创新。因此，在大数据的社会背景下对高校教学模式和教学方法进行改革和创新，能够实现信息技术与英语教学的融合，加强信息技术在英语教学中的实际作用，挖掘教师的教学潜力，找到更多的教学资源，帮助大学生建立英语学习平台，实现教学资源的传递和共享，提升高等院校的教学质量，推动高等院校英语教学向着现代化、信息化、高效化、数字化的方向发展。

为了更好地实现高校英语教学模式的创新，对大数据时代背景下的高校发展提出了更多的要求，转变传统的高校英语教学观念也是一个非常重要的途径。高校在信息化的时代下，具有承载信息、传递知识的功能。为了提高高校英语教学的质量，培养更加优秀的英语专业人才，就必须对传统的高校英语教学观念进行转变。经过调查研究可以发现，当前，很多高校中的教学人员对高校英语教学的理念比较传统，所以高校的英语教学不能很好地适应现代信息化的时代。针对上述情况，要求高等院校提出的具体的全新的要求，采取多元化的手段来对高校英语教学体系进行调整和设计，对高校英语教学人员的应用教学理念进行革新，从而实现高校内部信息化和数字化。此外，对高校英语教学人员进行技巧和能力的培养，转变教学人员的教学理念，加强教学人员大数据技术的应用能力。

大数据背景下创新大学生英语学习方式。在大数据的时代下，全民信息化的时代已经逐渐来临。上文对当前高校英语教学中存在的问题进行了浅析，也对出现问题的原因进行了阐释。由上文可知在大数据的视野下对传统的英语教学模式进行改革，不断地丰富教师的教学手段，创新教学方式，对于教师提高学生的语言应用能力有着重要的作用。同时，这也是衡量一个教师教学能力的重要标准。

高等院校的英语教师为了提高自身的教学能力和工作效率，就需要学习先进的教学设备的操作，然后利用多种教学方法进行教学。举例来说，一个使用多媒体、微课或者是慕课教学的教师比一个利用传统的口头教学、提问教学或者是板书教学的教师更能受到学生的欢迎，学生学习的主动性也会更高一些。在大数据的时代背景下，教师要充分地利用信息技术，将英语教学内容与学生的爱好和实际需求结合起来，引导学生运用现代的、科学的办法进行英语学习。

教师为丰富大学生的词汇量，还可以通过播放英语电影来引起学生学习英语的兴趣，让学生在观看英语电影的同时，积累英语词汇，提升英语听力水平，锻炼口语的表达。不仅是这样，观看英语电影还可以培养大学生的语感，帮助学生理解语法，更好地运用英语。

在大数据的视野下，高校英语教学朝着科学化、现代化、高效化和信息化的方向发展，高校就应该积极抓住发展机遇，借助大数据的特殊优势在本校内构建英语教学智能化的平台，例如，现在在我国比较流行的几种授课模式，如慕课、翻转课堂等。这些新兴的授课方式就是在大数据的背景下逐渐产生的，它可以利用大数据的优势，建立智能化的网络平台，让学生的兴趣不断提高。同时，这些授课模式对于学生主动接受英语知识来说也有着积极的促进作用，高校的英语教学智能化平台对于实现英语教学资源的传递和共享，以及提升大学生的学习效率也有着积极的作用。所以学校应该将计算机技术、互联网技术与英语知识的传授结合起来，建立起一个高效的、智能的英语教学平台。只有这样，才能对传统的教学模式进行改革，才能在很大程度上满足现代社会对于大学生英语能力的要求，顺应时代的发展，满足适应社会增加就业率的需求。

由上文可知，大数据时代的到来和发展对人们的生产、生活和学习产生了深远的影响，也给高校的教育带来了挑战。英语作为现代大学生必备的技能之一，就更应该主动地进行改革创新，积极地迎接挑战，将大数据给高校英语教学带来的生机和活力充分地发挥出来。面对当前高校英语教学中存在的各种问题，教育工作者应该对大数据时代的发展状况和特征进行研究，充分认识到大数据时代的含义，在了解大数据时代的基础上创新英语教学模式和教学方法。大学生具有其特殊的年龄特征，在进行教学改革时，还应该对这一时期学生的心理状况和年龄特征进行了解，针对大学生的需求进行英语教学，发展大学生的独特个性。所以在大数据的视域下，要想对高校的英语教学模式和教学方法进行创新，就需要利用大数据的相关知识，创新学生的学习方式和教师的知识传授方式，需要利用大数据对大学生英语学习的需求进行了解，需要构建高校英语教学智能化平台，更好地实现英语教学资源的共享。只有这样，高校才能为我国培育出更多的优秀人才。

第三章　信息技术与高校英语教学创新

第一节　信息技术与英语教学融合

一、信息技术与英语教学深度融合的定义

2010 年中共中央国务院印发的《国家中长期教育改革和发展规划纲要（2010—2020 年）》指出“信息技术对教育发展具有革命性影响，必须予以高度重视，把教育信息化纳入国家信息化发展整体战略。”为进一步落实教育信息化总体部署，2012 年 3 月 13 日教育部印发了《教育信息化十年发展规划（2011—2020 年）》，明确强调“教育信息化要充分发挥现代信息技术优势，注重信息技术与教育的全面深度融合”。在国家教育信息化大政方针的指导和引领下，我国教育界掀起了信息化教育的热潮，“慕课”“微课”“翻转课堂”“在线课程”“移动学习”“手机云班课”“信息化教学大赛”等一系列互联网教学术语开始频频走入教育界人士的视野中。

高校英语是各大高校开设的一门公共必修课，也是一门应用性极强的语言课程，在高校英语教学实践中充分利用“互联网 +”带来的优势，为学生提供丰富、可视化的学习资源，创设交互、情景式的动态学习环境，借助现代教育信息技术更新教学内容、优化教学环境、革新教学模式、提升教学质量显得尤为重要。

传统的高校英语课堂，以“一间教室、三尺讲台、一支粉笔”为模式，教师是主演，学生是观众，这难以激发学生的学习热情，发挥学生的主观能动性，以致弱化了课堂教育的功能。此外，语言的社会交际功能决定着高校英语必然是一门集艺术性、交流性、实践性、应用性于一体的学科。教师就应该积极引进和使用计算机多媒体、网络技术等现代化的教学手段，改善学校的英语教学条件，营造良好的英语学习氛围，激发学生学习英语的自觉性和积极性。在信息化教育环境下，教师必须成为学生学习资源的提供者和开发者、学生学习能力的引导者和促进者、学生学习过程的沟通者和合作者、教学方法的创新者和反思者、教学活动的设计者和组织者、信息技术的研究者和学习者。教师应深入钻研教科书，利用现代信息技术，调动一切可利用的教学资源，投入更多的精力为学生提供丰富、可视化的学习资源，创设开放、动态的交互式教学情景，调动学生的学习积极性、主动性和课堂参与性，引导学生灵活应用英语进行交际，不断激发学生的求知欲，让学生真正成为学习的主人，投入其中、学在其中、乐在其中。

二、信息技术与英语教学深度融合的内涵

现代教育中信息技术与高校英语教学的深度融合并不仅仅是把信息技术当成单纯的教学辅助手段，而是把信息技术作为一种促进学生自主学习、优化教师教学环境、提升教学质量与效果的工具。教师要主动学习先进的教学理念，充分运用现代教育信息技术，把其作为学生主动学习的认知工具、情景教学的创设工具、教学资源的整合工具，并将这些“工具”运用到教育教学实践中，使信息技术化成为优质课堂的隐形助推力，成为课程内容的有机部分，以超媒体结构方式组织教学，设计、开发集文字、符号、图形、图像、

活动影像和声音等多种因素于一体的教学课件。用多媒体技术解读、模拟或再现传统教学技术无法展示的课本对话或篇章场景、情景。实现信息技术与各种优质教学资源的有机融合，从而优化教学环境，从根本上改变传统的教学模式，大力培养学生收集、获取英语语言信息的能力，分析加工语法句型结构的能力，英语交流应用能力，互助协作能力和自主创新能力，充分发挥学生的语言学习主体性、能动性和自觉性。教学中的信息技术应用不仅可以丰富教学内容、改变教学模式、优化课堂，还可以在迎合学生的心理和时代发展特征的基础上，拓展学习空间。学生可以通过手机、iPad 等工具，利用信息技术网络教学平台学习与巩固课堂知识，搜集、预习语言文化背景知识以及学习参考资料等，也可利用信息技术进行自主听、说、读、写、译训练，进一步提高英语语言应用能力，养成自主学习的好习惯。

有效利用信息技术改革高校英语教学，不仅能创建新型教学结构，更可以革新教学思想和理念，深化教学内容、教学方法、教学手段和教学过程的改革，实现教学效果最大化。

利用微信公众号和微信群建立“互励互教式”微课教学平台，可以拓展课内知识点讲授，在“互励互教式”微课教与学下，学生对知识点的掌握、实践能力均有很大进步，思想道德品质也得到了很大的提升。教师从传统知识讲授者转变为知识的引导者，学生从知识的被动接受者转变为学习过程的主动参与者，教与学的过程从课堂延伸至课外，大大提升了学生的自学能力、积极性和主动性。

第二节 信息技术与英语教学融合的发展现状

进入 21 世纪后，多媒体技术已经越来越多地应用于课堂教学当中，成为提高课堂教学有效性的利器。研究表明，科学应用多媒体技术进行教学，可有效激发学生的学习兴趣，提高教学质量。

英语课堂教学质量的提升离不开有效的新课导入，因此，为提高英语课堂教学质量，很多教师会不约而同地在新课导入上下功夫。通过长期的新课导入实践发现，在英语新课导入阶段有的放矢地应用多媒体技术可切实促进新课导入质量的提升，有效激发学生的新课学习兴趣。英语教师结合多媒体技术成功导入新课的方式对于学生而言无疑是别致且新颖的，比直接用语言交流的方式导入新课效果要好很多。因此，如果有条件，英语教师应积极结合多媒体技术导入新课。

众所周知，课堂教学的时间是有限的，在有限的教学时间内，英语教师很难将具体知识讲深、讲透，因此，英语教师还会积极利用多媒体技术实现对学生的课下教学辅导。这样的做法是有效的，也是非常值得广大一线英语教师借鉴的，例如，在进行一系列练习题测试后，英语教师会发现班里一些学生都会存在这样或那样的错误，基于这种情况，英语教师可将学生经常出错的问题进行归纳总结，制作成多媒体课件，并将多媒体课件上传至网络平台，要求学生在家长的陪伴下观看课件。这样的做法可轻松帮助学生查漏补缺，而又不需要英语教师对学生一对一课余辅导，不仅节约了英语教师的课余教学时间，还可以在一定程度上促进学生英语学习成绩的提升。长期的教学实践表明，多媒体技术在课余教学辅导中的应用不仅极具创新意义，还可以在一定程度上激发学生的课余英语学习参与积极性。因此，英语教师应积极利用多媒体技术，将其有效地应用于课余教学辅导当中，不断促进学生英语学习效率的提升。

多媒体技术与英语教学的融合具体可以从这几个方面入手：在新课导入中应用多媒体技术，在突破教学重难点时应用多媒体技术，在课余教学辅导中应用多媒体技术。除此之外，在英语教学的各个环节，英语教师均可有的放矢地应用多媒体技术。这里需要明确的一点是，多媒体技术虽然是英语教学的重要辅助工具，但这并不意味着多媒体技术可以完全代替教师的角色。在具体的英语课堂教学中，往往会发生很多意想不到的情况，而这一切均需英语教师积极动用自身教学智慧予以有效应对。

第三节　信息技术与英语教学深度融合的思路

2022 年 3 月 14 日，国务院发布《国家教育事业发展“十四五”规划》，明确提出全力推动信息技术与教育教学深度融合，利用混合式教学等多种方式，形成线上、线下有机结合的网络化泛在学习新模式。该规划强调“互联网＋教育”，意味着教育信息化为高校英语教学开辟了更为广阔的前景：高校英语教学不再拘泥于以教师为中心的知识传授，而是利用“线上学习”与“课堂教学”有机融合的混合式教学模式培养学生的英语应用能力。此外，《高校英语教学指南》也提出了现代信息技术与高校英语课程相融合的教学理念，鼓励教师实施混合式教学模式。

一些研究者针对信息化时代的教学设计、教学模式和教学实践等展开了深入研究。混合式教学模式以学生为中心，支持学生主动进行意义协商和知识构建，从而提高教与学的效果。实施混合式教学的有效途径就是切实发挥学生学习的能动性，然而，目前部分学生存在在线学习经验缺乏、语言实践能力不足、自主学习意识薄弱、参与积极性不高、对混合式教学方式的不适应等问题，使得无论是在线学习还是基于在线学习的课堂教学都不能达到预期效果，成为有效开展混合式教学实践的“瓶颈”。本节以高校英语教学为例，探讨混合式教学模式下，实践共同体对高校英语教学的作用，为信息技术与英语教学深度融合提供一个新思路。

一、什么是实践共同体

实践共同体也称为实践社团、实践社区。这个概念最初由社会学家莱夫（Lave）等提出，指的是对某一特定知识领域感兴趣的人互相发生联系，围绕这一知识领域共同工作和学习，共同分享和发展该领域的知识。温格 - 特雷纳团队（Wenger Trayner）团队指出，实践共同体的三个结构要素是知识领域、共同体和实践。知识领域决定共同体成员的共同兴趣和身份感，他们受共同愿景的驱动，联系在一起共享、应用、创造知识，促进自我成长；共同体是学习的社会情境，其成员交流协作、互帮互助，共同实践、共同学习；实践是成员主动参与学习、发展共享知识资源并进行实际运用，成员在实践活动中学习知识，然后又将知识运用到实践中，以获得新的实践知识。

实践共同体的形成对有效学习的发生有积极的促进作用。实践共同体的知识转化是一个正反馈循环，正反馈使得共同体成为一个学习主体，在实现个人学习的同时有效促进动态知识生成。实践共同体的维持和发展可以通过组织的参与和管理，提高知识共享水平和效果。这一理论适用于课堂研究，对课堂建设有重要的启示意义。

二、融合思路——高校英语混合式教学

混合式教学将面对面教学与在线教学相结合，是信息化时代高校英语教学改革的必然产物。高校英语混合式教学团队通过教学实践，解构并重构传统课堂，将混合式教学分为在线学习、课内应用和课外实践等三个核心构成部分。它们在丰富的情境与应用的语境中互相联系、互相融合、互相支撑、互相促进。混合式教学弥补了传统课堂教学的不足，有利于充分发挥学生在学习过程中的主体作用，从而促进学生主动学习、自主学习、合作学习。

（一）在线学习

在高校英语的混合式教学模式中，在线学习形式主要采用小规模在线课程，教学资源包括语言知识学习和在线学习社区。学生通过自主观看精心设计的微课视频学习语言知识，完成与课程内容紧密相关的在线练习和测验，以巩固语言知识。在线学习社区是学生与其他学生交流的场所，学生通过发帖和看帖，与其他学生和教师进行讨论交流、答疑解惑、沟通协作，分享语言学习资源和经验。

（二）课内应用

课内应用是指学生通过在线学习获取语言知识后，在面对面的课堂学习中将获取的语言知识加以应用。混合式教学下的课堂教学不再以知识传授为主要形式，而是围绕主题创设语言应用情境，通过各种或基于语言或基于技能或基于主题的任务，使学生置身于知识展示、语言游戏、问题讨论、方案制定、小组汇报等语言应用活动之中，并通过团队协作，共同在“做”的过程中不断提高英语应用能力。

（三）课外实践

课外实践是混合式教学模式不可或缺的部分。学生经过在线语言学习和课内语言应用后，最重要的是能将所学语言知识切实运用到实践中。课外实践通常围绕主题创设的真实性语言实践项目展开，是课堂学习的延伸与拓展。如学生合作完成问卷调查、视频制作、海报设计等项目，并用英语进行课堂展示或线上展示，以培养英语的语言产出能力。

三、实践共同体与高校英语混合式教学模式的关系

在高校英语的混合式教学模式中，学生成为知识的主动建构者，通过在线学习、讨论交流、团队协作等方式在实践中获取知识。学习方式的转变，对学生的自主学习能力、合作交流能力、语言实践能力等提出了极大挑战。为了使混合式教学模式实现预期的教学效果，有必要创建实践共同体，为语言学习提供互动交流、合作学习、共同实践等方面的支撑，充分调动学生的学习能动性，保障学生有效地参与混合式学习。

基于高校英语混合式教学模式的实践共同体是一种由学生和教师组成的学习型组织。学生为了获取英语应用能力，与其他学生和教师在实践过程中交流讨论、共同实践，不断建构并发展英语语言知识和能力。

高校英语的实践共同体包含发起者、核心成员和一般成员三类成员角色。其中，发起者是指教师和助教：教师通过发布线上教学资源和课堂交流帖子、组织线下交流讨论活动，布置课后合作实践项目，积极推动实践共同体的形成和发展；助教则在线为学生答疑解惑，维护共同体的正常运转。核心成员是指英语能力较强的骨干分子，他们通过线上主动发帖、线下积极引领课内活动和实践项目，分享英语语言知识和学习经验，领导其他成员进行语言实

践学习。一般成员是指英语学习的参与者，他们通常按照课程要求完成线上、线下语言学习任务，在发起者和核心成员的引领下参与线上、线下的交流和分享，完成实践学习。

实践共同体成员具有共同愿景，短期目标是完成大学阶段的英语学习，获得课程分数；中长期目标是通过英语课程学习，提高英语应用能力。在共同愿景的驱动下，实践共同体成员积极参与相关的学习活动：①自主学习在线课程，通过观看微课视频，完成在线练习，获取进行语言实践所需的知识。在这个过程中，可以随时在讨论区与其他成员讨论课堂话题，就在线学习过程中产生的疑惑提问，大家群策群力共同寻找解决方法，并分享学习过程中积累的学习资源和经验。②进入面对面课堂，在教师创设的相关学习情境中分享在线学习成果，并与其他成员互动协作，完成学习任务，应用语言知识，在共同学习中巩固在线学习成果。③对知识内容和语言能力进行梳理，与其他成员合作完成教师布置的语言项目并进行实践产出，在实践中相互启发，获取新的语言知识与能力。

实践共同体成员的学习目标是通过在线学习、课内应用和课外实践，完成技艺传授、镜像学习、语言应用和以文成事等学习活动，最终获取语言知识，提高英语应用能力。无论是在线互动交流，还是课堂内语言应用任务的协作完成，都有利于学生不断地分享、应用知识，并在运用知识的过程中构建、内化知识。课外实践项目基于在线学习和课内应用，要求学生在“做”的过程中将学到的知识内化为个人知识，并创造新知识。随着一个教学过程的完成，实践共同体成员也完成了一个语言知识获取的循环。

四、高校英语混合式教学的保障条件

随着信息化时代的到来，学习者的学习方式正经历前所未有的变革，现代教育技术与外语教学的深度融合使混合式教学模式应运而生。学生作为学习的主体，需要提前做好准备，以迎接这种前所未有的学习方式。习惯于“填鸭式教育”“被动学习”的学生，要想适应混合式教学模式恐怕不易。实践共同体为学生提供了交流讨论、相互协作、共享知识、实践知识的途径，是高校英语混合式教学实施的有力保障。

（一）支持协作学习，实现知识获取

实践共同体成员由参与混合式学习的学生构成，他们具有共同的学习愿景、相似的知识领域，既是学习资源的提供者、分享者和受益者，又是新知识的生产者。在语言知识学习的过程中，实践共同体的发起者、核心成员和一般成员相互介入，所有成员共同协商，共同积累在线学习和自主学习的经验，相互协作完成各种语言学习活动、任务及项目，并通过镜像学习提升自己的英语语言水平和英语应用能力。

（二）强化语言应用，完善知识建构

实践共同体理论认为，学习是在实践的过程中进行意义协商、构建知识。高校英语实践共同体强调学习的共同参与，而不是单纯的知识输入。在这个实践共同体中，学生与其他成员和教师通过在线学习、课内应用和课外实践，积极参与真实情境的语言应用，分享知识、经验和想法，由知识的旁观者转变为知识的实践者，将所学的知识运用到实践中，并在实践中建构新的知识，使有意义学习通过参与实践得以实现。

（三）支撑语言实践，完成知识转化

实践共同体的学习活动以应用实践为主，学生积极自主地参与在线学习、课内应用和课外实践，这是一个学生交换显性和隐性知识并共同创造新知识的过程。在这一过程中，学生不断提高语言实践能力，通过语言实践激发已有的语言知识，同时通过资源共享、语言应用和实践活动等促进知识的应用，推动语言知识由隐性转化为显性，继而在语言实践过程中内化知识，使自己真正成为知识的“小主人”。

混合式教学模式是信息化时代教学改革的必然趋势，而高校英语混合式教学模式是外语教学与现代教育技术深度融合的产物，但是，要想让已经习惯了传统教师讲授型课堂的大学生转变学习方式，就需要有语言学习、应用等方面的支撑，这是有效实施混合式教学模式的关键。构建基于高校英语混合式教学模式的实践共同体，为解决这一关键问题提供了有效环境与途径。学生在语言学习的过程中自主交流、相互协作、共享知识，并在语言实践的过程中共享、运用、内化、创新知识，这有助于在线学习和课内教学的有效实施，能切实提高学生的英语应用能力。

第四节 “互联网+”时代自主学习的教学模式创新

一、高校英语自主学习模式与传统教学模式比较

自主学习教学模式是以行为主义心理学家所认为的自主学习，包括自我监控、自我指导、自我强化三个子过程为理论依据的教学模式。认知建构主义学派的代表弗拉维尔认为，自主学习实际是元认知监控的学习，是学习者

根据自己的学习能力、学习任务，积极主动地调整自己的学习策略和努力程度，它是在教师指导下，创设学生的自学思考的情境，通过师生及生生间的互相交流、探讨，总结出学习内容的重点和规律性的知识，从而促使学生掌握知识、建构自己的认知结构、激发学习动机，实现“他主性”到“自主性”的转换，开发多元智能的一种教学方法。

自主学习教学模式并不等同于自学，也不是无教师主导的教学。它是一种以教师为主导、以学生为主体的，既培养综合语言运用能力又注重发展自主学习能力的全新教学模式。教师的教学信念影响着教育实践和学生的身心发展，习得并使用适当的教学模式对于提高教学效果有着至关重要的作用。

二、高校英语自主学习教学准备策略

教学是一种有目的、有计划的活动。在开展教学活动之前，教师需要进行必要的准备，在头脑中或书面上做一个计划。足够的课前准备是有效教学的前提，学生一届届更换，知识一天天更新。即使教授同一课程，教师仍需认真备课，以加强教学的针对性，这样可以减少教师教学时的不确定感，找到一种方向感、自信心和安全感，也可以借此过程进行学习、收集和组织材料，安排教学活动顺序，制订的计划还可以直接运用于教学。课堂教学的基本要素包括教学目标、内容、行为和组织形式，以下从这四个方面对教师准备课堂教学策略进行探讨。

（一）确立高校英语自主学习的教学目标

教师在活动之前关于如何进行计划，主要有两种不同的取向：一种是“整合计划”模式，另一种是“目标、手段详细计划”模式。我们采取第二种模式，这是一种技术性、策略性的取向，先把宽泛的目的一步步地分解为具体的目标，然后根据详细的目标，选择、组织教学内容，选择合适的教学行为、教学组织形式，形成详细的教学计划，即教案。

高校英语教学是以英语语言知识与应用技能、学习策略和跨文化交际为主要内容，以外语教学理论为指导，集多种教学模式和教学手段为一体的教学体系。高校英语的教学目标是培养学生英语综合应用能力，特别是听说能力，使他们在今后的工作和社会交往中能用英语有效地进行口头和书面的信息交流，同时增强其自主学习能力、提高综合文化素养，以适应我国经济发展和国际交流的需要。教学目标是教师进行教学活动的指南。教学目标与学生的学习目标应该是相同的。让学生对目标认同并真正理解，让学生积极参与目标的制订，发挥其主动性可以极大地促进教学目标的实现。

教育部在2018年颁布的《高校英语教学指南》指出：高校英语的教学目标是培养学生的英语应用能力，增强跨文化交际意识和交际能力，同时发展自主学习能力，提高综合文化素养，使他们在学习、生活、社会交往和未来工作中能够有效地使用英语，满足国家、社会、学校和个人发展的需要。

根据我国现阶段基础教育、高等教育和社会发展的现状，高校英语教学目标分为基础、提高、发展三个等级。在三级目标体系中，基础目标是针对大多数非英语专业学生的英语学习基本需求确定的，提高目标是针对入学时英语基础较好、英语需求较高的学生确定的，发展目标是根据学校人才培养计划的特殊需要以及部分学有余力的学生的多元需求确定的。高校英语教学与高中英语教学相衔接，各高校可以根据实际需要，自主确定起始层次，自主选择教学目标。分级目标的安排为课程设置的灵活性和开放性提供了空间，有利于实施满足学校、院系和学生个性化需求的高校英语教学。

（二）高校英语教学中教学材料的加工

无论是自己编制课程内容的教师，还是根据已经规定好的内容进行教学的教师，根据教学的意图或目标对教学材料进行编制、研究和分析都是准备工作中必不可少的环节。教学材料是指教学内容的各种形式的载体。教科书是实现课程标准和确定教学目标的重要保证。教科书应为课堂教学提供最佳的语言样本，提供有系统性、有针对性的语言实践活动的材料。

教师要充分利用教科书所提供的语言材料组织好课堂教学和指导学生课外自学。此外，外语教师可以采取集体备课形式，结合教学大纲及教学计划，深入了解所教科目知识的性质及所面对学生的需要、兴趣、能力水平和学习与思维习惯的特征，在此基础上，集众人的智慧共同编制、开发补充教学的相关课件和辅助教科书，根据实际教学对象的特征，选择和组织相关教学内容，以便更好地适合自己的教学情景。结合信息技术手段，在课堂上以声、像、图、文等多种形式为学生提供教学内容，更好地辅助和补充教科书。

（三）教学行为的选择

根据教学目标或教学意图，教师对教科书进行选择与确定等的处理后，还必须考虑选择什么样的行为才是适当的。选择教学行为的依据如下：

（1）教学目标或教学意图。每节课都要针对认知领域、情感领域及动作技能领域，设置一定的目标或教学意图，至于采取何种教学行为，要将教学领域及要达到的学习水平联系起来考虑。在促进高校英语自主学习教学中，应当主要着眼于学生的自主性，教师应以指导的形式为学生创设学习情境和学习条件，让学生主动参与教学活动。

（2）认真研究学生。学生是学习的主体，教学的有效开展依赖于学生的参与。所选择的教学行为要与学生的认知水平、经验水平、学习风格相符合。当某一方式适合学生的能力、需要和兴趣时，他们会感到非常自如，并且学习效果最好。大学生在认知发展方面已具有丰富而完备的学习策略，在自我发展方面已成为其自身发展的主体，在学习方法上对自主性要求较高，教师在选择教学行为时都应有所考虑。

（3）考虑环境因素。在进行教学行为选择时，教师还应该把环境因素考虑在内，如可用的空间及各种信息技术手段等。

（四）教学组织形式的设计

教学组织形式是指教学活动中教师与学生为实现教学目标所采用的社会结合方式。课堂教学组织形式基本分为三种：第一种是全班组织形式，通常称班级授课制。第二种是分组组织形式，第三种是个别组织形式。教学组织形式可采用不同教学组织形式相结合的方式，如某大学根据自身实际教学情况，实施如下教学组织策略：

1. 分层教学

按照《高校英语教学指南》，高校英语教学应贯彻分类指导、因材施教的原则，以适应个性化教学的实际需要。

高校英语教学以英语的实际使用为导向，以培养学生的英语应用能力为重点。英语应用能力是指用英语在学习、生活和未来工作中进行沟通、交流的能力。高校英语在注重发展学生通用语言能力的同时，应进一步增强其学术英语或职业英语交流能力和跨文化交际能力，以使学生在日常生活、专业学习和职业岗位等不同领域或语境中能够用英语有效地进行交流。

高校英语根据三级教学目标提出三个级别的教学要求。基础目标的教学要求主要针对英语高考成绩合格的学生，是大部分学生本科毕业时应达到的基本要求。提高目标和发展目标的教学要求针对大学入学时英语已达到较高水平的学生，也是对学生英语应用能力要求较高的专业所选择的要求。对英语高考成绩基本合格的学生，学校可适当调整基础目标的部分教学要求。

高校英语三个级别的教学要求分为总体描述和单项技能描述。总体描述包括语言技能与知识、跨文化交际能力和学习策略的要求；单项技能描述则从听、说、读、写、译五个方面对三个等级的教学目标做进一步的说明。各高校应依据《高校英语教学指南》提出的三级教学目标和教学要求，结合学校、院系和学生的实际情况，确定具有本校特色的教学目标和教学要求。

大学阶段的英语教学要求的三个层次、课堂教学面临改革的首要任务，是以学生客观存在的差异为前提，设计不同层次的教学内容，改革教学模式，使每个学生在最适合自己的学习环境中求得最佳的发展。在实际教学中，教师既要照顾起点较低的学生，又要给基础较好的学生以发展空间；既能使学生打下扎实的语言基础，又要培养他们较强的实际应用能力；既要保证学生在整个大学期间的英语语言水平稳步提高，又要有利于学生个别化的学习，以满足他们各自不同专业的发展需要。

信息环境下进行高校英语自主学习教学，在针对学生英语基础差距较大的情况下，可以从新生开始实行“分级教学”的形式，即学生入学后参加英语分级测试，根据测试的总成绩和其中的听力部分成绩，以及入学高考成绩进行分班教学。将学生分为一级、二级和预备二级三个级别，即 LeveL1、LeveL2、Pre-LeveL2（以下简称 Ll、L2、Pre-L2）。其中 Ll 针对英语基础一般的学生，L2 针对英语基础良好的学生，Pre-L2 针对英语基础差的学生。每班人数定在 50 人左右。如果每级学生人数不足一个班，可以跨院系编班，打破传统高校英语教学中以院系组班的限制。各个级别有不同的教学对象和教学目标，计划在四个学期内，L1 学生应完成大学基础英语一、二、三、四级的学习；L2 学生应完成大学基础英语二、三、四级的学习和两门英语限选课的学习，两门英语限选课均在第四学期进行，英语限选课将根据教育部要求，并结合学校专业特色及实际情况来开设，学生完成高校英语四级的学习后才能进行英语限选课的学习；Pre-L2 学生应完成大学预备级英语一、二、三、四级的学习。以此切实贯彻因材施教，促使有能力的学生向更高要求前进，学生分级后采用滚动管理，定期调整，即“滚动制”。对于 L1 和 L2 中学习突出、拔尖的学生，在完成规定的网上学习课程内容后，可申请提前参加该级别考试。口试、笔试成绩达到本级别优秀水平，可提前进入上一级的学习。每一学期进行一次调整，期末考试后，成绩优秀的学生可选择跳级，成绩太差的学生则须降级。每一学期进行一次微调，每一学年进行一次大调。

2. 高校英语自主学习课程类型设置

建立高校英语基础综合类课程和全校高校英语选修课程的课程体系，该课程体系不仅包括传统的面授课程，更注重开发基于信息技术环境的高校英语课程，将综合英语类、语言技能类、语言应用类、语言文化类和专业英语类等必修课程和选修课程有机地结合，形成一个完整的高校英语课程体系，以确保不同层次的学生在英语应用能力方面得到充分的训练和提高。

在促进高校英语自主学习教学中，学生周学时数保证 7 个学时，采取课堂面授和自主学习相结合的方式进行教学。课堂面授教学由两种课型构成，即读写译课和听说兼辅导课。其中读、写、译的大课堂采取班级授课，可以使教师同时为许多学生授课，每周安排 2 学时，以教师指出教学难点、重点，串讲课文等方式，帮助学生掌握基础知识，透彻理解每篇文章的文化内涵，从而提高英语阅读、写作和英汉互译的能力；听说兼辅导课采取小组组织形式，根据不同层次，每个班分为 8 组左右，每组 8 人，每周每组学生安排一次面授辅导。这种方式适合学生个别化学习，可以增强小组成员互相激励与合作学习，以师生、生生交流，以及教师指导的方式，对每单元课文和网上学习内容开展主题讨论或合作活动，重点培养和提高学生口语表达能力；同时对学生课下网上学习的进度和程度进行督促检查，随时掌握学生网上的自学效果，并进行答疑解难或个别指导，还可以根据学生的学习效果决定学生是否可以继续学习。此外，学校建立自主学习中心配置语音输入 / 输出系统，为学生提供上机进行听说作业训练创造条件，为学生创造自主学习环境。这种形式允许学生有比前两种组织形式更灵活的学习进度和时间安排。

三、高校英语自主学习教学实施策略

教学实施策略是实现教学目标的关键阶段，教学实施策略的选择应以教学理论为依据，既要符合教学内容、教学目标的要求，又要适合教学对象的特点，还要考虑在特定的教学情境中的必要性和可行性。下面从普遍性策略和具体策略两个方面，对高校英语自主学习教学实施策略的选择与运用进行分析。

（一）普遍性策略

普遍性策略是指适用于各种课型的教学策略，不管听、说还是阅读、写作，甚至是复习，都离不开教师的组织教学。教师都有必要采用不同的方式激励学生，作为师生交互活动的主要组成部分，提问也是任何课堂都无法回避的教学行为。这里将普遍性策略分为组织策略、激励策略和提问策略进行探讨。

1. 组织策略

课堂组织是成功完成教学任务的一个主要因素。没有教师的有效组织，任何活动都不会起到应有的效果。教师有必要掌握一定的方法和技巧，合理安排课堂活动，有效地了解课堂问题，保证课堂教学顺利进行。课堂上教师重要的任务是“创造有利于学生自主学习的环境”。现代外语教学理论的发展使人们对语言的学习和语言的教学有了新的认识。交际教学的普及、人本主义理论的运用把学生推上了课堂的主体，使教师的角色发生变化，教师是课堂教学活动的组织者、控制者、检测者、启发者、参与者和信息源。课堂组织要选择适当的交互模式，课堂内的交互活动是教学活动的载体，交互活动决定着学生的参与程度。交互模式是否得当、运用是否合理等都会直接影响课堂的组织。课堂活动的互动方式一般分为四种：班级、小组、同伴、个人。不管采用什么方式，都应尽可能让学生参与教学活动。例如，在进行读、写、译课程教学时，采取合班形式将两班的学生合为一班，在多媒体教室进行班级授课。教师讲授，配合课前准备的教学课件，通过文本、图像、影视、动画及音响等多种呈现方式，突出教学重点，在有限的教学时间内提供广泛而充足的语言输入信息，扩大知识面，大大增加课堂教学容量，从而增强记忆，提高学习效果。

听力与口语课程，采取小组教学形式，在教师的指导下，对每单元课文和网上学习内容进行讨论，让每一位学生开口讲英语，突破开口难的第一步，重点培养听力理解能力和提高学生口语。

2. 激励策略

雅克博维茨的研究表明，影响第二语言习得的主要因素中动机占 33%。所谓动机，就是对某种活动有明确的目的性，以及为达到该目标而做出一定的努力。第二语言学习者首先要有强烈的学习愿望，从而产生学习动力，进而付诸行动。他们当中有相当一部分人的学习动机是工具性的、外在的、短期的、被动动机。许多学生虽然能意识到我国加入 WTO（全称 World Trade Organization 世界贸易组织）后学好英语的重要性，但是由于缺乏综合性的、内在的、深层次主动性动机，所以平时不努力，对英语学习也没有过高的要求。他们学习英语的动机首先是为了期末考试及格，其次是通过英语四、六级考试，获得英语四、六级证书和学位证书。他们很少考虑语言交际的需要和实际运用能力的培养。在英语学习上遇到困难时，他们不是积极、主动地下功夫克服困难，而是寻找各种捷径躲避。动机与外语学习效果的联系极为密切，因此，如何激发和培养大学生英语课堂学习动机，是教师面临的一项重要的任务。

（1）动机的激发

一个完整的动机概念包括三个方面的因素，即动机的内在需求、外在诱因和自我中介调节作用。这样把动机理解为在自我调节的作用下，个体使自身的内在需求（如本能、需要和驱动力等）与行为的外在诱因（如目标、奖惩等）相协调，从而形成激发、维持行为的动力因素。

一是内在需要的培养与激发。动机源于个体的内在需求、内部唤醒状态。需要的形成和转化是有效培养和激发个体内在需求的主要途径，个体的内在需求在与目标相联系的情况下，就由一种基本需要状态转化为唤醒状态，形成具有一定能量和方向性的驱动力。而驱动力又是行为的直接动因。通过让学生对其学习目标有相应的明确认识，来加强学生的内部唤醒状态，提高其学习的内驱力水平。持有这种内部动机的外语学习者更有持久性，他们不会受外界因素的干扰，会把精力集中到英语学习中。实际教学中，教师要针对教学内容，收集相关内容信息和资料信息获得途径，联系现实生活，为学生创设语言情境或课下知识扩展提供帮助，以此不断满足学生的学习需求和激发学生的兴趣。

二是外在诱因的设置与运用。外在诱因主要是指行为目标和奖惩等。实践教学中教师要根据学生个人具体情况设置教学目标，目标应稍高于学生已有发展水平，这样更能调动学生学习的积极性，且应将长远目标和近期目标相结合，让学生在体验成功的基础上形成向长远目标奋斗的动机。美国心理学家赫洛克试验表明，表扬对学习效果的作用远远高于（批评、训斥、忽视等）反馈形式。教学中对于低成就和力求避免失败的学生，教师要多给予鼓励。教师的一句“Good”“OK”，或者点头、微笑都可以起到激励的作用。惩罚的作用在于帮助学生克服在学习过程中出现的注意力涣散和不努力状况，应激励学生尽力避免受到惩罚，从而达到促进的目的。但惩罚往往有伤学生的自尊，易引起学生敌对情绪，不宜频繁使用。

三是自我调节能力的培养。自我调节是连接和协调动机的内在起因与外部诱因的桥梁。在教学中，教师要进行合理预期。预期是指人对某行为目标实现的可能性大小及其价值的估计，是个体在行动之前对行为的结果产生认识。根据预期来调整自己的动机水平、行为目标等，使行动方案符合个体的内在要求。教学中还应及时向学生提供学习效果的反馈，让学生及时了解自己学习进展和结果，获得相应的评价，从而更好地调节自己的学习动机和学习行为水平。

四是自我效能信念的培养。自我效能是一种反映个体对自己能够成功地完成某项活动的信任程度的心理特性，也称自信心。动机的缺乏很大程度上源于自信的缺乏。通过自我效能信念能够判断个体进行某一活动的成败，会直接影响教学目标的确立、学习动机中各因素间的协调等。每个学生都有证实自己能力的愿望，正是这种愿望赋予其克服困难的勇气和持之以恒的精神。教师应让学生自己拟定评估自己的标准，给学习能力相对薄弱的学生适当的补救性帮助，给优秀学生提供挑战性较强的任务，设计弹性评估程序，使优秀学生看到自己的高水平，使差生看到自己的收获。让学生体验成功，肯定其学习的潜能，有助于提高学生的自我效能信念，激发学生的内部动机。

五是结果成败归因的训练。所谓归因，就是个体对自己或他人行为结果产生的解释或推论。在学习活动中，每个学生都会在自己的学习行为及其结果中体会到成功和失败，也都能够找出各种各样的理由来解释自己的成败。归因是否适当，直接影响到学生对自我的判断和对学习的态度。当学生将其失败归结为能力不济，就可能会失去信心；归结为方法不当、努力不够时，他会尝试努力去做。当学生把成功归结为自身能力时，成功会使其增强自信；归结为奋斗时，意味着问题的难易程度是适中的。

因此，教师要让学生感觉他们具备学习能力，指导学生个体在学习活动中注意总结学习成功和失败的经验教训，成功固然更添信心，失败也不归咎于不可控制的因素（运气不好或能力差），而是客观寻找学习中可控制因素（如努力程度，学习策略运用情况等），并且吸取教训，争取下一次做得更好，培养一种良好的归因心理。归因训练，可解决学生的认识问题，改变学生的归因方式，从而调动学生的积极性。

（2）兴趣的激发与培养策略

兴趣是学习动机中最现实、最活跃的成分。学生有兴趣学习，就会诱发求知欲，产生极大的学习热情。教师应充分利用信息技术手段的优势，吸引学生注意力，使学生投入到学习任务中，才能激发学生学习兴趣。

一是创建积极的课堂环境。大量研究证明，积极的课堂环境能激发和保持学生的学习兴趣，促进学生自主学习。课堂环境的创建，不仅是一个适合学生学习的物理环境，更重要的是要创建适合学生自主学习的学习氛围。学生学习环境虽然是影响学生学习的外因，但它可以激发学生的学习动力，教师对学生的积极态度能有效提高其学习动机和学习成绩。积极的课堂环境可以促使学生对整个学习过程都充满兴趣，并主动参与学习过程，这正是自主学习的重要特征。

二是创设问题情景，激发学生学习兴趣，问题情景是指不能直接用自己已有的知识处理，但可以间接用自己的知识处理的情境，就是在教学内容、生活实际与学生求知心理之间产生一种认知冲突，从而把学生引入问题解决的情境中，吸引学生的注意力，使其产生兴趣和好奇心。

三是开展英语第二课堂。教师有意识地激发和培养学生的兴趣，努力使学生的兴趣从有趣、乐趣发展到志趣。英语第二课堂是指为学生在课外进行语言实践活动提供环境和指导。开展第二课堂，一方面使学生能够把课上所学用于实践，提高语言实际运用能力。另一方面，实践中的问题反过来指导和激励学生的课上学习，学与用互相加强、互为动力。例如，开办校园英语广播，以新闻播报、英语诗歌朗诵、小对话、文化故事、学习辅导等作为广播内容；创办英语网站，建设高校英语网页，为学生提供网上学习平台，丰富英语自主学习环境，教师也可以在网上布置作业，提供专题辅导，推荐经典外国电影，为学生播放英文原版电影，使他们在实际情境中感受语言文化，促进语言环境的建立；举办中外专家英语讲座，邀请国内外知名大学专家学者开展讲座；举办外语竞赛，如演讲、辩论、作文、词汇竞赛等活动，提供一些具有挑战性的任务，激发学生学习兴趣，促进学生运用英语的能力；举办英语口语广场、晚会联谊等活动，促进学生语言交际能力的训练。

四是培养师生之间的积极感情，以激发学生英语学习的热情。成功的社会交往能使学生充分体会到安全感，频繁而有效地交往也能很好地激发学生在群体中的个人学习动机。营造轻松热烈的课堂气氛，减少学生的情感焦虑，使师生之间高度和谐，可以激发学生学习兴趣。师生之间民主、平等的关系更有助于唤醒学生的自我意识，促使自主学习顺利进行。运用信息技术，计算机可以“扮演”教师角色，更加耐心、公平，创造一种和谐的信息环境，使学生没有压力，敢于冒险，大胆尝试，增加成就感，增强英语学习兴趣。

3. 提问策略

提问是课堂教学最常用的策略之一，也是最富影响力的教学艺术。学生只要产生了解谜的心理需求，求知欲和探索欲就会促使其去探索。而学生探索学习的积极性、主动性，往往来自充满疑问的情境中。教师通过创设问题情境，在教学内容、生活实际与学生求知心理之间产生一种认知冲突，从而把学生引入问题解决的情境中。提问、回答作为高校英语课堂中最普遍的一种话语形式，可以加强师生之间的交往，激发学生的学习动机，调控教学过程，对语言习得有很大的促进作用。提问可以保证学生在学习活动中的参与度，通过问题的调节，语言会更加清晰易懂，对交互活动的开展有很大的促进作用。问题是组织教学的主要手段，适用于课堂教学的各个环节。

（1）计划策略

要使学生积极参与答题，教师应提前确定提问的目的，选择相关内容来组织问题，并尽可能预测学生的答案。

（2）问题设计策略

尽可能设计启发学生的思维的问题，相对于学生的语言能力、思维能力、知识水平应有一定的难度，对学生具有挑战性。对这类问题的正确回答，对学生的自信心及学生能力的发展具有十分重要的作用。

（3）控制策略

教师在提问的过程中要有意识地调整提问方式，使问题由易到难，体现层次性，给学生留有思考的时间。当学生不能回答提问时，教师应调整问题，给予提示或引导学生找到答案，也可以将问题转向另一个学生。

（4）反馈策略

及时对学生的提问或回答给出评价，是提问有效进行的保证。鼓励、引导回答不当的学生，对学生能力表示认可，教师对学生良好表现口头称赞甚至非语言性的动作、表情都可以作为反馈，使学生体验成功，唤起自信心。

根据高校英语的性质和具体的教学内容，教师将学习内容转化为各种形式的有价值的问题，并在网络教学演示课件上呈现，为学生在课内外的研究性学习设置起点。教授应多为学生创造思考的空间，在教学过程中，善于通过多媒体教学系统引导学生思考、讨论、回答问题，而不是限制学生的思维。

（二）具体教学策略

具体教学策略是指用于培养学生听、说、读、写能力的教学行为。我们根据所涉及的教学内容，从听力与阅读教学策略、口语与写作教学策略以及词汇与语法教学策略等角度，探讨信息环境下促进高校英语自主学习教学策略。

1. 听力与阅读教学策略

听力是听者积极主动地接收目标语言，理解、筛选有用信息并存入长时记忆，逐步扩大听觉渠道的一个过程。

心理语言学认为阅读是一个信息加工的心理过程，读者利用视觉信息自下而上对文章的字、词、句进行解码，逐步理解整个语篇的意思；读者也可利用已有的背景知识，自上而下地预测内容。在阅读过程中，二者常交替综合使用。听力与阅读材料是一定社会和文化的产物，需要一定的文化与社会背景来全面理解内容。在信息化背景下，高校英语教学就是利用以多媒体计算机为核心的信息技术和资源，构建高校英语教学活动，传授基于信息技术的高校英语听读的基本知识、基本技能，培养学生利用信息技术获取必要的外语听读信息的能力和外语听读的能力。信息技术的发展为多媒体辅助高校英语阅读教学提供了良好的条件。同传统印刷文本的阅读教学相比，多媒体可以将文本和声音、图像等其他媒体结合，形成一种综合信息，增加学生阅读的兴趣。由于多媒体带有内置帮助手段，如在线词典、在线词汇表、句子解释、电脑发音等功能，学生更容易理解阅读材料。另外，多媒体辅助高校英语阅读教学的另一个优势就是它的“可改变性”。学生可以直接在电脑上对电子文本进行修改、复制、重组，阅读活动不再是单向的交流，而是一种文本与读者之间的互动、对话。这种双向的交流，更容易实现学生的自主学习。基于阅读和听力二者都涉及信息的接收、处理及社会文化背景对理解力的影响，笔者认为在对这两项技能进行训练时，以下三种策略比较重要。

（1）建立、扩展图示策略

建立、扩展图示策略指在听力、阅读教学过程中，教师要训练学生积累与听读材料有关的背景知识，增强对篇章的联想理解。教师要提供机会以唤起学生已有的背景知识，同时还要拓宽与信息相关的背景知识。该策略主要用于听力、阅读课教学的引入阶段。

在教学过程中，教师对不同文化、不同价值观和不同道德标准之间进行对比，利用视频、音频、动画等效果或实物、图片等建立图式，帮助学生理解听读材料，或为学生提供相关背景知识材料，如在听读前，组织一些以提高背景知识为主的课堂活动。

学生对听读材料的背景知识知道得越多，理解的程度就越深。背景知识对于英语语言水平较差的学生来说尤为重要，这些学生由于低层次处理技能即语言符号识别和句法结构认知能力欠佳，常逐词逐句阅读且断断续续，而启动和建立背景知识属于高层次处理技能，如借助丰富的背景知识，就可以弥补这些不足。信息技术为我们在教学过程中生动地展现或导入背景知识提供了便利。

（2）训练学生听、读技巧，“授人以渔”策略

训练学生听、读技巧，“授人以渔”策略是指教师在听力与阅读教学过程中要训练学生，使其掌握运用高效听读技巧，提高听读理解能力。该策略在听读教学中以完成任务方式进行。高校英语教学中该策略通常训练以下几种技巧：猜测技巧，指听读者根据已有的背景知识或图式的建立，高效地预测所要听读内容的技巧；寻读特定信息，这一技巧使人们能很快获得某一条或几条特定信息的方法；略读大意，指无特殊目的，只需了解材料大意和中心思想；识别功能、话语结构技巧，指学生通过识别特殊符号，进行有选择地听、读，提高听读效率的技巧；根据上下文猜测的技巧，指学生对阅读过程中所出现的生词和较难的句子能通过上下文猜测其意思的技巧。

（3）丰富语言输入策略

语言课堂教学活动可分为两大类，即为学生提供语言输入类和鼓励学生运用语言类。语言输入靠听和读，语言输出靠说和写。输入与输出关系密切，相互促进。通过听和读，输入的语言材料和语言知识越丰富，越有利于输出

的准确性、流利性和多样化。教师要广泛收集、选择适合学生程度且不局限于教科书的、语言地道准确的多种听读材料，为学生提供尽量多的接触真实语言的机会，通过大量的听读活动训练学生的听读技巧。在教学过程中，教师可以充分利用信息技术手段如采用英语小故事、笑话，听英文歌曲，或用英语报告重大新闻等方法来训练学生的听读能力。

2. 口语和写作能力教学策略

口语和写作是基本的语言表达形式。语言教学的中心任务是培养学生通过听、读获得信息，以说、写表情达意、交流信息。学生开口说英语的最大困难是心理障碍，如害羞、怕出错、缺乏自信心等。克服心理障碍的有效方法就是创造轻松、愉快的课堂气氛，鼓励学生大胆开口。

（1）教学过程交际化策略

教学过程交际化策略是指教师针对性地训练学生说、写能力时，其教学过程应强调交际训练的成分，让学生进行真实的信息交流。教师可以提供背景，学生进行模拟交际，让学生自由思考、自由创造，在给定的背景下自由表达，从“想说”到“想说好”，如借助信息技术与英语国家笔友在线聊天，为学生创造一个真实的说、写语言运用环境。

在与英语国家的笔友通信往来时，学生听、读到的是地道的英语，还有对方独特的思想观点。与英语国家学生通信本身也是一种跨文化交流，使学生直接接触异国文化，这必然有助于学生英语语感的形成和跨民族文化意识的培养。总之，利用电子笔友进行英语写作教学可以为学生提供真实的英语交际语境，提供体验英语和使用英语的机会，可以大大提高学生的写作积极性。

（2）巧妙处理语言错误策略

巧妙处理语言错误策略指教师应树立正确的语言错误观，正确看待学生表达中出现的错误，在不同阶段、针对不同学生、按错误的程度区别对待语言错误，引导和帮助学生改错，教师要及时引导学生看到自己的进步，并加以鼓励。许多研究表明，害怕错误的学生常在口语练习中保持沉默，或在写作中机械照抄课文原句，教师在纠错的过程中，要帮助学生树立自信心。

（3）练习方式活动化策略

练习方式活动化策略指教师有目的地设计语言表达练习活动，为学生运用语言提供足够的机会，而不仅仅是单纯的语言形式的机械重复。可通过开展英语游戏、演出，举办演讲、竞赛等活动，使学生运用课堂以外的信息、经验和知识，在不知不觉中运用学过的语言。

3. 词汇语法教学策略

词汇语法在外语中起着重要的作用，它们在语言课堂教学中不仅有用，还对加快学习过程至关重要，是帮助学习者达到较高外语水平的重要途径。[①]词汇语法教学以提高学生的外语交际能力为目标，教学重点放在如何使学生在特定的语言环境中，实现交际功能，正确而又得体地运用语言。

（1）完整步骤化教学策略

完整步骤化教学策略指教师在进行语言教学过程中，应策划一系列完整、有步骤的教学活动。学生通过这些步骤掌握语言知识，最终达到运用语言进行交际的目的。运用该策略，教师应引导学生走过一个从“不知”到“知之”，直到“用之”的过程。

---

① 布朗：《 英语常用句型就这 58 句》，周英伦著，西安交通大学出版社，2012 年版。

（2）训练有效记忆策略

训练有效记忆策略指教师在进行词汇教学时应有意识、有目的地训练学生运用有效的记忆方式和技巧，提高记忆效率。这类训练在学生已经掌握部分词汇的基础上，有助于进行词汇扩展或加深记忆。

（3）整理归类、区别对待策略

整理归类、区别对待策略针对词汇教学来讲是指教师要区分主动性词汇和被动性词汇，应采取不同的教学手段，提出不同的教学要求。教师应引导学生对词汇适当进行分类，按同类的转化、派生，以及一词多义、一义多词、近义词、反义词等帮助学生整理词汇，达到巩固的目的。在词汇较多或复习的阶段，教师运用该策略可以帮助学生在大脑建立词汇间相互多重联系，以巩固和加深记忆。

（4）比较概括策略

比较概括策略是针对语法教学来讲的，指教师要适时对所出现的语法现象进行对比、分析、归纳、总结，加强对语法现象的理解与掌握。借助信息技术可用图表、故事等方法对语法进行总结。

四、高校英语自主学习教学评价策略

教学评价是指教师通过收集教学过程中的信息，进行判断和决策、反馈和调控的过程。在全面推行素质教育的今天，对学生学习的评价意味着具有多种功能的综合性的评价。要根据教学大纲的教学目标和不同阶段的教学内容，结合学生的实际，通过教师和学生的通力合作，对学生的情感、态度、能力和学习策略在学习中的发展和改进予以评价。全面、客观、科学、准确的多元测评体系对于实现教学目标至关重要。学生是学习过程中的主体，利用信息技术的主要目的是向学生提供学习的途径、资源和方法进行自主学习，使之获得知识与技能，最终使其得到发展。评价不是为了选拔和甄别，而是为了发挥评价的激励作用，关注学生成长与进步的状况，以此来促进学生的全面发展。在新课程标准中强调培养目标和评价内容的多样性，提出知识与技能、过程与方法、情感态度与价值观等各个方面都是评价的内容，并应受到同等的重视，它要求做到知识与技能、过程与方法、情感态度与价值观三个方面的整合。

教学评价是双向的，随着评价理论的发展，吸引了越来越多地被评价者参与。自主学习是充分发挥学习者主观能动性的学习，其学习评价的主体将不再局限于教师，学生也将积极参与学习评价，而学生的积极参与是评价得以顺利进行的保证，信息环境下促进高校英语自主学习的教学，应采用过程性测评和终结性测评相结合的评价策略。

（一）过程性评价

过程性评价又称形成性评价，是在教学过程中进行的评价，是为引导教学过程正确、完善地进行而对学生学习结果和教师教学效果采取的评价。该评价的目的不是选拔优秀学生，而是发现每个学生的潜质，强化改进学习，并为教师提供反馈。可以采用学生自我测评、学生相互测评及教师对学生的评价等方式。

一是学生自我测评，即在教师的辅助下，组织学生填写“学生英语能力自评表”，对自己英语听、说、读、写等几个方面的能力，已经达到何种程度，期望如何，客观进行评价，以便学生调整自身学习策略，提高学习效率。二是学生相互测评，由其他同学对一位同学的英语听、说能力做出评价，克服学生自我评价的主观性。三是教师对学生的评价，教师根据学生学习过程的实际表现，对学生进行评价。教师可以参考学生的平时作业、出勤情况、学习态度，以及“监控”学生的网上学时和自主学习记录，随时对学生的自学过程进行观察、监督和评估，促进学生有效地学习。

（二）终结性评价

终结性评价又称总结性评价，指在教学活动完成一个阶段（一学期、一年或一门学科学习结束后）之后，对其结果进行的评价。其主要目的在于检查、总结教学目标的达标情况，评定学生的学业成绩，评定教学方案的有效性。宜采用终结性测评进行期末课程考试，对学生的学习结果进行判断，测定或诊断学生是否达到教学目标及达到的程度，是以终结性评估为目的，以评价学生综合应用英语的能力为主导。同时，建立测试题库，减少选择性作答题的数量和权重，增加直接测量英语应用能力题型的数量和权重，以提高总结性测评的信度与效度，准确评定学生的学业成绩。

第四章　大数据驱动下的高校英语教学

大数据驱动下的高校英语教学是时代发展的要求与必然趋势，能够促进高校英语教学的改革，对于英语人才的培养有着十分重要的作用。但是，在大数据驱动下的高校英语教学中，还需要注意一些基本层面上的问题。本章从高校英语教学的信息化诉求、大数据为高校英语教学带来的巨大变革以及大数据驱动下高校英语教学的优势与属性几个层面展开分析。

第一节　高校英语教学的信息化诉求

一、高校英语教学信息化诉求简述

英语作为一门国际通用语言，是人们获取信息的一个重要手段与工具。因此，越来越多的人开始重视学习英语，为了与学生的英语学习需求相符，慕课、微课、翻转课堂教学模式应运而生。在校学生以及其他学习英语的人也不再仅仅局限于固定课堂与教材上，还可借助多元的手段来学习。21 世纪的英语教育正在向个性化、即时化转型，英语教学的信息化革命悄然来临。

基于这一背景，2012 年 3 月，教育部颁布了《教育信息化十年发展规划》（以下简称《规划》），制定了 2011—2020 年全国教育信息化的建设蓝图。《规划》从信息技术对教育具有革命性影响这一理念出发，注重构建教育信息化体系，并指出应该把教育与技术相结合，推动信息技术与外语教育的融合。另外，《规划》还指出，除了认识到教育信息化对外语教育的作用，还应该注重教育信息化对外语教育的引导，即教育信息化对外语教育主流层面的革新。

《规划》指出，到 2020 年，全面完成《国家中长期教育改革和发展规划纲要（2010-2020 年）》所提出的教育信息化目标任务，形成与国家教育现代化发展目标相适应的教育信息化体系。这意味着应该加快教育信息化基础设施构建，开发优质教育资源，从而保证教育管理信息系统的建设。

可见，《规划》的基本理念就是将信息化运用到外语教育中，并在外语教育中发挥不可替代的作用，要想实现这一目标，教育信息化建设势在必行。发挥现有网络技术，实现资源共享，从而保证外语教育的创新发展。

二、高校英语信息化教育的开展

（一）信息技术

当今社会已进入信息高速发展的时代，信息和知识已成为推动社会发展的两大动力，现代信息技术已经渗透到人们生活的方方面面。

就信息技术的概念而言，目前人们多从广义和狭义两个方面来理解和解释。

从广义上说，信息技术指的是对信息加以处理与管理的各种技术的综合，其包含通信技术、控制技术、计算机技术、智能技术等。

从狭义上说，信息技术指的是能够展现信息技术特点的一些技术，具体来说，主要可以从以下四个层面理解。

（1）信息技术可以被定义为信息与通信技术，其主要是运用计算机对信息系统与应用软件进行开发与设计，包含计算机技术、传感技术等。

（2）信息技术可以被定义为3C技术，即计算机技术、控制技术、通信技术三者的集合。

（3）信息技术又可以称为IT技术，指的是运用计算机技术获取、传递、分配、处理信息的技术。

（4）信息技术指的是应用管理技术，并在科学、技术等层面对信息加以控制与处理，实现人机互动。

通过上述分析不难发现，信息技术的核心在于计算机技术，并且在其他技术的共同作用下，实现信息的获取与传递、转换与交流、检索与存储等。

（二）信息技术教育

很多学者认为，信息技术教育应该分为古代信息技术教育、近代信息技术教育、现代信息技术教育，或分为传统信息技术教育和现代信息技术教育。有学者指出，信息技术教育作为一个新兴学科，其发展起来是近几十年的事，现代教育理论和现代科技成果是信息技术教育得以发展的重要基础，所以不需要以传统和现代为标准来划分教育技术。

但随着信息时代的到来以及信息技术的高速发展，人们已经普遍接受了“信息技术教育”一词，我国信息技术教育学术界指出，现代的信息技术教育指的是以现代信息技术为核心技术、在现代教育思想和方法及学习心理学成果的指导下进行的教育技术研究与实践活动。在信息技术教育真正普及之前，信息技术教育的发展主要是依赖教育理论与媒体技术的发展，当时产生的信息技术教育与现代信息技术教育是有区别的。可见，信息技术教育的内涵与信息化、信息技术、信息时代密切相关。

1. 以信息技术为主要依托

从本质上说，教育的过程是由信息的产生、选择、存储、传输、转换以及分配等一系列环节组成的系统工程。在这个工程中所采用的多媒体技术、电子技术、信息处理技术、网络通信技术等各种先进技术都属于信息技术。在教育中引进这些信息技术，可使信息传播速度更快，教学效率更高。当今社会，知识量迅速增长，教学效率备受重视，而教学质量的提高首先需要提高教学效率。

2. 强调以学习者为中心

以学习者为中心是信息技术教育学科强调的重要观点。具体表现为以下四个方面。

（1）在确定教育目标时，使社会的要求、学习者的需求都得到满足，鼓励学习者发展多样化。

（2）在选择教育内容时，要以学习者需要学和适合学的内容为主。

（3）在选择教育方法时，鼓励学习者自主学习和小组合作学习，培养学习者的合作能力、团结意识、人际交往能力等非认知技能，使其更好地适应生活。

（4）在安排教育形式时，以灵活的形式为主，与学习者的学习、生活相协调，巩固终身教育的地位。

3. 使教育资源的配置更加合理

多媒体技术与计算机网络的普及使得社会成为一个密不可分的整体，学习者可从自身的学习目的、学习需求出发对学校、课程及教师进行自由选择，学校之间、学校与社会之间逐渐失去了明确的界线，社会教育资源将因学习者的需求而合理分配，人为因素的影响会越来越弱，社会人力、物力、财力等资源将会得到更加充分地运用。

（三）信息技术教育的研究范畴

信息技术教育的研究内容是控制与分析研究对象，具体包括以下几个方面。

1. 学习过程和学习资源的设计

在相关理论（教学理论、媒体传播、学习心理等）的指导下，完整而详细地设计教学系统，以达到预期的学习目标。这个过程包括多个环节，如分析学习者、学习目标、学习内容，选择教学媒体、教学策略，评价学习效果等。在教学设计中，这是一个非常重要的组成部分，也是比较独立的研究方向。

2. 学习过程和学习资源的开发

信息技术教育研究内容还包括在教学过程中如何有效应用各种教学模式、媒体技术，这其实是用实践数据支持理论发展的过程。仅仅采用某种媒体技术对教学产品进行制作并不能完成对学习过程与资源的开发，更重要的是要从实践上改进整个教学系统。开发的范围有大有小，某个教学项目、某节课或某个系统工程规划都可以。

3. 学习过程和学习资源的利用

信息技术教育研究如何对新技术、最新研究成果及相关信息资源进行利用与传播。

4. 学习过程和学习资源的管理

信息技术教育研究如何规划、组织及调控学习过程和优化整合学习资源。管理对象包括信息与资源、教学系统、教学研究等。优化教学效果离不开科学管理。

5. 学习过程和学习资源的评价

信息技术教育研究如何评价整个教学系统的运行状态及运行效率。既要评价单一环节或因素，又要评价整个系统，将形成性评价与总结性评价相结合，从多个角度，采用多种方式进行科学评价，完善评价体系，从而更有效地改进教学系统研究。

以上分别解释了信息技术教育各部分的内涵，这些部分之间相互联系，相辅相成。在教育实践中，各部分经常是结合在一起出现的，如设计与开发的结合、开发与利用的结合、设计与评价的结合、利用与管理的结合等。可以说，信息技术教育是为了实现最优化的教学效果而在综合运用相关理论与技术的过程中对各教学系统的研究和实践。

从学科属性来看，信息技术教育属于教育学科的范畴，但具有交叉性、综合性等鲜明特征的教育技术又不仅仅属于教育学科。

（四）信息技术教育的巨大作用

1. 更新教育观念

信息技术教育的创新与应用可使教育者对教学过程与教学资源利用有新的思考，进而促进教育观念的更新。

传统教育以教师为中心，教师作为传授知识的主体，在教育教学过程中发挥着十分重要的作用，而且这种作用被无限放大，整个教学都围绕教师来进行，学生只是被动地参与学习。在这一模式下，教师是教学技术（黑板、教具）的绝对使用者，学生只是被动观看。

在信息技术教育中，信息技术在教育教学过程中得到了广泛利用，多媒体，计算机技术的应用增强了师生之间的交流与沟通，网络技术的应用实现了师生之间的双向教学，教师从单纯地讲授书本知识转变为利用多媒体技术进行教学设计，学习者从被动地接受知识转变为利用信息技术进行自主学习，学生能更加主动地获取知识，教师也在教育教学过程中逐渐建立起以学生为中心的观念，“应试教育”更加彻底地向“素质教育”转变。

2. 提高教育质量

信息技术的应用极大地提高了教学质量。教育教学质量的提高表现在教育教学过程中真正实现了教育教学目标，促进了学生德、智、体、美、劳等多方面的发展。学生的各项知识与技能不断得到提高，手、眼、耳、鼻、口各个感官共同应用到学习过程中，促进了学生思维的发展，可进一步实现学生的全面发展。

（1）信息技术为教学提供技术支持，能为教学提供一个良好的交互环境，给学生提供自主学习的机会，有助于增强学习效果，促进学生主动性发展、个性化发展，提高教育品质。

（2）信息技术教育超越时空的特性，有利于创建大教育的格局，能更加高效地调动各种教学资源，使得优质教育资源得到有效整合，扩大优质教育资源的受益面，进而促进教育质量的整体提高。

（3）现代化的教育教学强调高素质全面发展的人才的培养，强调学生的发展应与社会发展相适应。现代教育要为提高教育质量、促进社会现代化发展服务。新的教育观念将会催生新的教育质量评估体系和评价方式，并有助于建立全面的大数据跟踪与检测体系，促进每一名学生的发展。

3. 提高教学效率

生产技术的改革必然会促进生产效率的提高，在教育领域，信息技术也具有提高教学效率的作用。

信息技术的发展和教学应用可缩短教学时间，能更加高效地实现教师和学生在教学过程中的知识输出与输入。

在信息技术教育的发展过程中，先进的信息技术可使学生综合利用多种感官进行学习，使学生充分获取知识。有实验证实，在学习过程中，学生利用的感官越多，越有利于学生对知识的记忆、理解，越能帮助学生获得较佳的学习效果，进而提高教学效率。

4. 促进教育改革

信息技术教育的发展是教育改革与发展的制高点和突破口，引发了教育领域的多方面变革。

（1）教学模式的变革。在教育教学模式上，传统的教育模式局限于校园内的教室、黑板和教科书。现代教学媒体改变了原有教育过程的结构，形成了“人—机—人”的教育新模式。

信息技术在教学中的应用，突破了有围墙的学校模式，卫星电视网络、计算机技术、多媒体技术、网络技术的发展与教学应用，使教师的“教”与学生的“学”均摆脱了学校、课堂、时间、地域的限制，远距离教学的模式——“网络大学”“开放大学”“全球学校”得以实现。

（2）教学组织形式的变革。在传统的教育中，教学组织以学校、班级和课堂为主要场所。在教学过程中，虽然也重视学生的个体化发展，提倡个别答疑、分组学习，但是，受多种条件限制，学生的统一化教学仍是主要教学形式，学生的个性化教学难以真正实现。随着现代化信息技术在教学中的应用，学生的小组学习、个性化学习成为可能。

（3）教学手段与方法的变革。信息技术在教学实践中的应用，为教师的多样化灵活教学提供了更多的技术支持，有助于提高教师和学生的教与学的积极性与主动性。

5. 丰富教育资源

随着现代教学手段的发展，特别是多媒体技术、通信技术、网络技术等信息技术在教学中的应用，教师不再是唯一的教学信息来源，学生通过多种渠道获得信息和知识。

以多媒体教学技术为例，多媒体教学可以实现文字、数据、图形、语言、视频等教学信息的统一处理，可令教学内容更加生动、形象，可调动学习者的多种感官参与学习，能在更短的时间内向学习者传递更多、更立体化的教学信息，提高教学信息的传递效率，实现教学信息资源的高效利用。

6. 扩大教育规模

信息技术和应用能扩大教育规模，加速教育事业的发展。从当前我国的教育现状来看，国家正在实施科教兴国战略，并充分利用现代教育技术，如广播电视网络（包括卫星电视、有线电视）、计算机网络、邮电通信网络等，开展各种远程教育，让更多的偏远地区的学生受益，客观上大大地节省了师资、校舍和设备等成本，并有效促进了教学规模的扩大。

（五）高校英语信息化教育的目标

1. 激发学生的问题意识

人从出生就具有了求知欲和好奇心，这是人能够自由、理性的基础，表现在学习态度与兴趣上，就是人能够积极地去探索与解决问题，不断创新、不断超越。学生学会学习的最佳路径就是逐渐学会启发式，学习，即教师引导学生发现问题，并让学生找到合适的方式解决问题，师生之间围绕问题展开自主学习与探究学习，使学习活动向思维活动转变。

信息技术教育背景下的高校英语教学，更强调问题引领的作用，即教师要以问题作为起点，以问题解决作为主要的活动过程，从而将学生对问题的敏感性激发出来；同时，要求教师主要探讨那些与现实联系紧密的问题，并对这一领域的学术前沿问题进行跟踪和了解，将学生潜能挖掘出来，培养学生的研究精神，形成面对困难的积极潜质与解决问题的能力。此外，还要求教师为学生创设自由的学习氛围，师生之间围绕提出的问题，通过交流与对话解决问题，帮助学生形成问题意识与问题解决能力。

2. 转变学生学习的方式

学习方式主要包括发现学习、接受学习、合作学习等。高校选择的教学方法是多种多样的，具有针对性与灵活性，将极大地推动学生学习方式的转变。具体来说，可以从以下四点考虑。

（1）倡导自主探究式学习，让学生自定节奏。具体来说，就是在学习中发挥学生自身的主观能动性，教师引导学生大胆地接受挑战，挑战传统的识记学习方式，让学生真正地学会学习，成为学习活动的主人，推动他们灵活转换学习方式，在创造与研究中学习。

（2）推动学生走向团队合作式学习，单打独斗的学习效果差，学生只有学会与其他同学合作、与教师合作，才能真正地弄懂知识，掌握技能。

（3）实施应用情境式教学，关注学生在特定情境中的认知体验，通过新技术,为学生创设真实的场景,让学生主动参与其中,增强他们的认知能力。

（4）关注学生的在线学习与移动学习。由于网络技术的发展，学生的学习资源越来越丰富，这就给学生提供了学习的便利，学生可以打破时空限制，获得教师或者其他同学甚至一些专家学者的帮助，从而在课外不断提升自身的语言能力。

3. 促进学生的深度学习

所谓深度学习，即学生在理解的基础上，能够批判性地学习新知识，并将这些知识融入他们原有的知识结构中，建构这些新旧知识的联系，并且能够将已有的知识迁移到新的情境中，从而独立地解决问题。采用深度学习策略的学生更善于整合知识、迁移知识。

当前，高校应该努力为学生创设深度学习情境下的课堂环境，让课堂不仅成为学生知识深度加工的重要场所，还要把原来教师单向传授的教学过程转变为师生互动的过程，创设真实的、批判性的课堂环境，让学生逐渐实现知识的吸收与内化，从而有效培养他们的理性思维与创新思维。

4. 强调学生学习的责任

要想培养出应用型人才，就需要学生在具体的实践中发挥自身的主体作用。也就是说，学生能够主动为自己的学习行为负责，让学生逐渐成为自己学习的主人，成为教学活动中主动的、自觉的参与者，成为知识发现者与探索者，推动教学从“教”逐渐转向“学”，实现师生之间协同教学。

这就是说，在信息技术教育背景下，不仅要将学生的积极性与主动性激发出来，还需要引导学生将精力、时间等投入到学习中，帮助学生减少学习的盲目性与随意性，逐渐建构自主式、探究式的学习。同时，要赋予学生自主学习的权利，让他们自主选择学习内容与策略，让他们不断发挥自己的主观能动性，发挥自己的学习优势。

5. 培养学生的核心素养

“核心素养”一词源自西方，英文是Key Competencies。Key的意思是“关键的、必不可少的”。Competencies 的意思是“能力”，但是从其范畴与内容来说，可以翻译为“素养”。因此，“核心素养”也就是所谓的“关键素养”。

这一概念的提出是为了对传统的以阅读、计算等为核心的概念进行改变，从而提升学生的综合应用能力。核心素养的内容主要包含如下四个层面：

（1）未来个人发展与社会生活需要的能力与品格是无法预料的，个人在受教育阶段唯一能够选择的是对自己的必备品格与关键能力进行发展。

（2）知识是以几何级数增长的，能力以几何级数进行分化，学校教育无法对知识和能力进行穷尽。

（3）社会生活纷繁复杂，价值取向也是多元化的，学校教育无法面对社会上所有的问题。

（4）学校教育应该专注于对学生必备品格与关键能力的培养。

在语言教学中，核心素养主要包含以下三点内容。

（1）语言能力。语言能力是指基于社会情境，通过语言来进行理解与表达的能力。从英语技能教学来说，语言能力是学生应该具备的基本能力，也是学生核心素养的体现。从语言学科来说，听、说、读、写、译这五项能力是最基本的语言能力。

（2）文化品格。文化品格不仅指了解一种情感态度、文化现象，还指了解语篇反映的社会文化现象，通过归纳来构建自己的文化立场与文化态度。

语言教学的核心素养更加注重从多元文化层面来思考，通过比较，了解中西方文化的差异，这样学生才能更加自信与自强，从而将中华文化更好地传播出去。

（3）思维品质。思维品质与一般的语言能力、思维能力并不同，指的是与英语技能学习相关的一些思维品质。在核心素养中，这一品质与学生更为贴近，学生思维品质的提升与优化也是“立德树人”的彰显与表现，与高校英语教学改革的目标相符合。

总之，学生的生存与发展需要多种素养，其中创新能力、合作能力、信息素养等素养，应该排在最前列，因为这些素养是学生应对挑战、为国家做贡献的关键，也就是所谓的核心素养。其他的素养，如身体素质对于个人来说是非常重要的，可以将其视作基础素养。另外，传统的读、写、算也可以视作基础素养。

6. 增强学生的学习体验

个体的发展具有特殊性，因此教学需要在尊重学生个体差异性的基础上，对学生的学习体验予以关注，努力为学生创造更多锻炼机会，激发他们学习的内部驱动力，发挥他们对知识的探索精神。当前，高校评价强调甄别与选拔，对评价的激励与促进功能重视不够，往往过分看重结果，忽视学习过程，这样的评价导致个反别优秀学生得到了愉快体验，那些成绩差的学生往往因此失去了学习兴趣。

在具体的教学过程中，高校教师应该努力让学生们用感官去实践、去体验、去解决问题，与社会实践相联系，研究教学方法是否符合学生的需要，采用多种技巧和方法展开教学，增强学生的学习体验，让课堂脱离传统课堂的弊端，不受教材与大纲的束缚，让学生广泛地参与到课堂中，实现师生之间、生生之间的互动，这样才能让他们学会思考、学会辨析、学会研究，进而发现课堂的魅力。另外，教师还要选择科学的评价方式，让学生能够更好地体会到成长的快乐，享受学习的快乐，帮助学生正确地认识自己，激发他们学习的动力和积极性。

第二节　大数据为高校英语教学带来的巨大变革

一、大数据为高校英语教学带来的影响

（一）与传统课堂的碰撞与对接

1. 与传统课堂的碰撞

大数据驱动下的高校英语课堂与传统课堂的碰撞主要体现在教育理念上，因为当前的教育仍旧难以摆脱“应试教育”的枷锁，大数据驱动下的高校英语教学则要求革新传统教育理念创新教学方法。

（1）难以摆脱“应试教育”的枷锁。众所周知，在大数据背景下，传统的教学模式已经与当今的课堂不相适应，但是面对毕业、就业压力，当前的高校英语教学仍旧未脱离“应试教育”的枷锁。当前的高校英语教学要求学生学会自主探究、自主预习、自主总结，要在教师的指导下体验概念与规律的探究过程，并在学习中培养求知精神。但是现实是，在高校英语课堂教学中，很多教师主要侧重于讲授，对学生进行“满堂灌”式的教学，未能顾及每一位学生的接受情况，使学生的主体地位丧失。当前的高校英语课堂教学中，教师的教学思想还未发生根本改变。

（2）大数据的运用要求革新传统教学理念创新教学方法。由于应试教育理念的存在，很多高校英语教师在教学理念与方法上存在着某些问题，这对于他们自身的专业发展是非常不利的，也会影响学生的全面发展。

首先，教师将教学视作教学目的实现的一种方式和手段。教学是传输知识的过程，教师只关心对教学手段的研究，而并未探究教学目的何在。

其次，教师认为教学是教师教与学生学的拼接，教师将书本的知识教授给学生，学生被动地接受，学生只是接受知识的容器。

最后，教师在教学中忽视了学生主观能动性的发挥，缺乏与学生的互动，也缺乏让学生与其他学生进行互动。

基于此，传统教学模式下的教学阻碍了学生人格的全面发展，使得学生成为应试的机器，这样的教学与教学目的相背离。

大数据驱动下的高校英语教学要求教师改变教育观念。这种教学模式还需要教师具备一定的信息素养，要不断地在知识的海洋中充实自我，要不断地发挥自身的作用对课堂的节奏与进度加以控制，以宽广的视野来引导学生去探索更大的世界。

2. 与传统课堂的对接

虽然传统课堂教学有着明显的弊端，大数据驱动下的高校英语教学的优势已凸显出来，但并不是说要完全舍弃传统课堂，而是要对二者进行完美对接。

（1）学校作息时间安排问题。大数据驱动下的高校英语教学需要学生花费很多的课后时间展开自主学习，要求教师在教学时间上进行合理安排。学生在课后的主要任务就是观看教学视频，进行针对性练习。

（2）学科适用性问题。对于不同的学科，教师需要采用具体的策略来实现信息技术与学科教学的完美结合，并从学生的反馈入手，对相应的教学方式加以改革。

（3）教学过程中信息技术的支持。大数据驱动下的高校英语教学的实施必然需要信息技术的支持，教师对教学视频的制作、学生的看参与式学习等，都需要信息技术的参与。

（4）对教师专业能力的挑战。在大数据驱动下的高校英语教学的实施过程中，教学视频的制作、与学生展开互动指导、课前学习任务设计等都离不开教师参与，因此要加强对教师的培训。在提升教师专业理论水平的基础上，不断提升他们的科研能力，对学生的个体差异进行关注，并给予个性化指导。

（二）对高校英语教师的影响

大数据技术的广泛应用对高校英语教师有巨大的影响，具体表现如下。

（1）大数据技术对高校英语教师的最大影响在于学生获取知识途径更加多样化，高校英语教师不再是学生获取知识的唯一来源。

（2）新的媒体和技术的应用给教学观念、方式和手段也带来了极大的冲击，对高校英语教师的教学影响显著。

（3）大数据技术在高校英语教学中的应用对教师素质能力的提升有重要作用。将大数据技术融入课堂之中，可以优化教学方法，提高教学效率。从传播学的角度来说，高校英语教师不仅是教育信息的传播者，更是把关人，因此应该考虑实际情况，对信息有针对性地选择，科学调配教学资源。

（三）对大学生自身的影响

大数据技术的教学应用对大学生的影响分析体现在以下三个方面。

（1）大学生是大数据技术发展的最大受益者。大数据技术提供的个性化、网络化学习方式，可以使大学生根据自己的特点和水平选择合适的学习进度，在轻松的环境中学习，实现真正的“教育平等”。

（2）大数据技术的应用改变了大学生获取信息的途径，改变了大学生的听、说、读、写的方式，学习者具备了更加自由化、多样化的表达方式。

（3）信息社会，任何一名学习者都必须具备一定的信息素养，并具备独立的终身学习能力。大数据技术不仅对教师的教学能力有较高要求，对大学生的自主学习能力也有较高的要求，要求大学生具有信息社会所必备的观念、意识和现代教育技术能力。

大数据技术的发展对教学的影响不仅限于上述三个方面，大数据技术发展推动了教育现代化发展，推动了教育教学的改革。信息的发展通过信息技术影响教学，不仅体现在教学物质基础、教师与学生“教”与“学”的影响方面，还间接促进了教育思想现代化、教育内容现代化、教育管理现代化。

二、大数据为高校英语教学带来了挑战

（一）对高校英语教师的信息素质提出了更高的要求

大数据技术发展对教师的教学信息加工、传播、反馈与收集能力提出了一定的要求。高校英语教师必须掌握一定的信息技术知识，并具备现代信息的加工、处理能力。

大数据技术对整个社会的影响都是巨大的，对人们的生产、生活、学习等产生了深刻的影响。体现在教育层面，传统教学中的教师是教学内容的唯一提供者，在信息化时代下，学生除了从教师那里获取知识，还可以通过很多渠道获取知识，高校英语教师的角色发生了改变，即成了引导者、辅导者、指导者。教师扮演的角色更加趋于多元化。因此，高校英语教学与大数据技术的融合要求教师不断提升自己的专业化水平，促进自身的专业化发展，从而适应信息时代对高校英语教师的要求。

随着大数据技术融入高校英语课堂教学， 学生的学习与高校英语教师的

教学都发生了革命式的变革，新兴的课堂教学环境，即互联网技术教学环境得以产生，大数据驱动下的教师角色一部分是基于传统教师角色中的“传道、授业、解惑”者，另一部分是适应教育信息化发展的管理者、引导者，因此，教师应实现自我角色的转变，处理好传统角色中的教师角色延续，并重视“互联网+教育”下教师角色的转换，不断提升自身的信息素质。

（二）对学生的独立学习、全面发展提出了更高的要求

学生是教学的对象，教师的一切决策都要围绕学生开展，教师应充分考虑到学生群体和学生个体的身心特点与学习、发展需要。教师应关心和尊重学生，为学生积极参与教学创设良好环境。

在大数据时代背景下，学生的主体性地位发生了变化，主要表现在以下三个方面。

（1）对教育对象的自主选择权。教师的教学应尽量适应学生的发展需求，学生有根据主体意识和需要积极地或消极地进行选择的权利。

（2）对教学内容的自主选择性。学生主动参与教学内容的选择是当代教学思想所提倡的，学生选择教学内容是学生自主性中最活跃的因素。当然，必须强调的是，学生是在教学目标的框架内参与一部分教学内容选择，在课程专家根据社会和教育目标所做的初步筛选后进行选择。

（3）参与教学活动的积极性和主动性。学生学习活动的主动性、自觉性是学生学习主体性的本质体现，教师的教学活动要建立在学生对学习的自觉的、主动的、自我追求的基础上。学生在学习过程中能积极地参与教学活动，并能以自己已有的知识经验、认知结构主动地认识、理解、吸收新知识。

（三）对信息技术下师生的有效互动提出了要求

在大数据技术出现之前，教师与学生交流沟通的场所主要是教室、操场、学校活动中心。

传统课堂上，教师与学生之间首先要完成本次课的教学任务，然后才能进行课程外学习内容的交流，因此，师生在学校各教学场所的交流是十分有限的，主要是教师在讲，学生在听，一节课下来，师生之间的交流与互动往往仅有几个点名提问，并没有师生探索、讨论互动。很多教师在完成教学工作后忙于其他事情（如进行科研），也没有时间与学生交流。

在课堂外，教师除了日常教学还有很多其他工作，学生的校园生活也十分丰富，由于师生的教与学的任务不同，在不同的时间段，他们需要分别在不同的空间场所内开展教与学的工作，这就更加使得师生在难以在课外继续保持联系。

课上的交流有限，在课外，教师与学生之间的交流更是少之又少，调查发现，很多学生在课外时间难以接触到教师，即便是有交流机会，也是“不怎么愉快”的“被动交流”。

大数据技术的发展和教学应用，为师生之间的交流提供了技术支持，教师与学生可以通过 QQ、微信、校园网、教学 APP 等随时随地线上交流。

第三节　大数据驱动下高校英语教学的优势

一、提高教师工作效率

计算机作为一种工具，可以不断提升教师的效率，如设计教案、录入成绩、查询资源等，这些都可以通过计算机来辅助完成，对于教师来说帮助很大。

在高校英语教学中，教师可以通过教学软件对自己备课的内容进行讲解，并对学生的学习状态进行实时观察，之后可以进行测评，检验学生的学习情况。

在作业批改上，一些客观性的题目可以通过计算机来操作，在学生作答主观题之后，教师可以通过处理软件来进行批改。这样就大大地提升了教师的工作效率，教师将有更多精力放在讲解与研究层面。

二、发挥学生主体作用

高校英语教学与大数据技术的融合可以将学生的主体地位凸显出来，学生可以从自身的需要出发，选择上课时间，采用恰当的方法调控学习进度，借助信息技术掌握知识。当学生在学习中遇到问题时，他们也会调整自己的学习进度，随时对问题进行补充，从而不断提升自己对知识的掌握水平。

在这一过程中，学生能够正视自己的不足，巩固自己的语言知识，形成良好的学习习惯。同时，无论学生处于何地、何时，他们都可以运用各种教材与课件，查询、访问或者下载相关资料，这样可以帮助他们进行针对性地学习。当然，如果学生在学习中遇到问题，他们可以发送电子邮件与教师进行沟通，让教师为他们答疑解惑。因此，信息技术使学生清楚地了解学生的学习情况，发挥学生学习的积极性，促进学生的学习进步。

高校英语教学本身是一门能力提升课，如果仅仅学习理论，这样的学习显然达不到成效，还需要通过锻炼，将理论付诸实践。在传统的高校英语教学中，很多学生因为害怕或者自信心不足，不愿意在公共场合开口讲英语，在课堂上也不愿意回答问题，显得非常焦虑，这样的情况是非常常见的。但是，在大数据驱动下的高校英语教学中，学生不用担心这一问题，因为他们不是面对面交流的，从而更愿意回答问题。

另外，大数据技术在高校英语教学中运用为学生提供了一种交互式的学习环境，实现了文字与图片、动与静的结合，学习情境更为逼真，学生的学习也更具有趣味性。

三、提供丰富资源信息

在大数据驱动下的高校英语教学中，教师应该考虑学生的基本情况，对各种资源进行调用，进而制作成课件，当然教学课要与学生学习的需求与风格相符。此外，教师还需要在网上搜索相关资料，不断丰富教学内容。

网络上存储着应有尽有的多媒体形式的学习资源，有专门的教学资源，有实教性极强的报刊信息资源，这些资源都为学生提供了原汁原味的学习资料。

第五章　基于网络多媒体的高校英语教学模式的新发展

第一节　高校英语翻转课堂模式

随着人们对教学研究的不断深入，翻转课堂模式逐渐被人们了解和熟知。与传统教学模式相比，这一新兴的教学模式是建立在网络多媒体教学环境下的，是对传统教学模式的一种颠覆。高校英语翻转课堂模式有自身的优点，本节将对该模式展开分析和探讨。

一、翻转课堂模式的历史溯源及定义

在分析翻转课堂模式的定义之前，有必要追溯一下翻转课堂模式的来源。通过对这些渊源的分析，才能够更深刻地了解其定义。

（一）溯源翻转课堂模式

翻转课堂遵循学习规律，有其深远的历史渊源。下面从中西方两个方面来分析翻转课堂模式的历史渊源。

1. 翻转课堂模式在中国的历史渊源

2500 年前，孔子所施行的教学就已出现先学后教的迹象。

（1）孔子在《论语·为政》中曾经提出这样的观点："温故而知新，可以为师矣"，即通过复习开始新的课程。

（2）孔子在《论语·述而》中提出“不愤不启，不悱不发。举一隅不以三隅反，则不复也”，即启发式教学。

（3）孔子在《论语·卫灵公》中提出“不曰‘如之何，如之何’者，吾末如之何也已矣”，即讨论式教学。

（4）孔子在《论语·雍也》中提出“知之者不如好之者，好之者不如乐之者”的观点，即倡导学习主体自身对学习产生浓厚的兴趣，这是求知识、做学问的一种理想境界。

（5）孔子的“学而时习之”“三人行，必有我师焉”等观点反映了他注重在实践中学习的看法。

（6）孔子“可与言而不与之言，失人；不可与言而与之言，失言。知者不失人，亦不失言”观点体现出孔子在教学中善于通过适时抓住关键点来调动弟子们的主体作用，同时体现了学与思的有机结合。

除了以上孔子的言论，中国当代同样有类似于翻转课堂的教学方法，如山东杜郎口中学所进行的教学改革、魏书生的预习方式等。

2. 翻转课堂模式在西方的历史渊源

翻转课堂在西方的历史也很久远。古希腊时期的苏格拉底与柏拉图曾经采用启发式与讨论式教学，这可以说是翻转课堂在西方的发端。

西方近现代时期，裴斯泰洛齐的主体性教学、皮亚杰的建构学习、维果斯基的“最近发展区”都对翻转课堂产生了很大的启迪作用。

20 世纪 90 年代，哈佛大学物理教授埃里克·马祖尔创立了同辈互助教学方式。马祖尔教授将学习分为两个步骤：知识的传递与知识的吸收。以往的教学模式大部分都只重视传递知识，而忽视了学生将知识内化与吸收。经过大量实验之后，人们发现马祖尔教授提出的同辈互助教学方式可以有效地促进学生对知识的内化，同时学习的正确率提升了 1 倍。另外，马祖尔教授还发现，计算机辅助教学可以有效解决知识传递的问题，因此他认为教师的角色将在未来的高科技辅助教学中得到改变，教师将从演讲者变为教练，并将把学生的知识内化作为教学的重点，而不只是知识的传递。

2000 年，美国的特蕾莉亚在其论文（《翻转课堂：建立一个包容性学习环境的途径》）Inverting the Classroom：A Gateway to Creating an Inclusive Learning Environment 中，论述了在美国迈阿密大学在开设“经济学入门”课程时采用“翻转教学”或“翻转课堂”，激活差异化教学，以适应不同学生的学习风格。

2007 年，杰里米·斯特宙耶在其博士学位论文《翻转课堂在学习环境中的效果：传统课堂和翻转课堂使用智能辅导系统开展学习活动的比较研究》中论述了翻转课堂在大学中的设置。

综上可知，翻转课堂教学模式的出现使得传统教学模式发生了颠覆性的改变，在教学中学生将成为核心部分，翻转课堂为学生提供了个性化的学习平台，这十分有利于学生自主学习意识、团队协作能力等方面的培养。但需要明确的一点是，没有一种教学模式是完美无缺的，翻转课堂作为一种新兴的教学，模式在我国高等教育领域有很大的发展空间，这离不开广大英语教学工作者脚踏实地的钻研与实践。

（二）翻转课堂模式的定义

翻转课堂又可以称为“颠倒课堂”，其教学过程包含两大阶段：一是知识传授，二是知识内化。在传统教学模式中，教师往往会通过课堂知识传授的形式将知识传授给学生，学生通过完成课后作业和具体的实践来实现知识的内化。与传统教学模式不同，在翻转课堂教学模式中，教师根据自己的教学计划对布置课前预习内容，学生则主动利用各种开放资源来获取知识，在课堂上与教师探讨，完成任务，最后内化为自己的知识。

所谓翻转课堂模式，是指在课堂进行之前，学生利用教师给出的视频、音频、开放网络资源、电子教材等学习材料，自主完成课程内容，然后在课堂上主动参与教师的教学互动活动，最终完成学习任务。

翻转课堂模式由美国人萨尔曼·可汗提出，他首次利用网络视频开展翻转课堂授课，并取得了巨大成功。因此，可以说萨尔曼·可汗是翻转课堂模式的创始人。

近年来，翻转课堂模式在国内产生了巨大影响。作为一种基于网络多媒体的新型教学模式，翻转课堂模式是对传统教学流程的颠覆，这对于学生开展自主学习是非常必要的。作为一种新型授课方式，翻转课堂对我国英语教学改革大有裨益。但是，翻转课堂不属于在线课程，也不能运用视频代替教师，它是种师生之间互动的形式，为学生的自主学习提供了充足的空间。

现行教育体系建立的目的在于满足工业时代的需要。1899 年，美国教育专员威廉·哈里斯提倡在美国的各大高校中展开机械教学模式，这一模式使得学生“中规中矩”。但这显然与今天的经济发展水平、社会生活水平不相符，因此，只有对学校教育体系进行革新，才能跟上时代的步伐。换句话说，就是源于工业革命时代的机械教学模式将逐渐被当前的新兴教学模式代替。

在传统教学模式中，知识习得需要经历知识讲授、知识内化、知识外化三个步骤。通过课堂教学，教师完成知识的讲授，而学生在课后任务和作业中完成知识的内化。这在前面已有所提及。但是，在当前云教育、云学习的技术条件下，学生可以通过“云课程”展开教学习，当学生在学习中遇到困难时，教师可以对学生进行启发，这既保证了师生之间的平等交流，也保证了学生知识的进一步深化。简单来说，从先教授后学习转向先学习后教授，这就是所谓的课堂翻转。

综上所述，翻转课堂模式是对传统教学模式的变革，师生关系及教学方式在教学过程中都发生了质的改变。

二、翻转课堂模式的构成

很多学者对翻转课堂模式进行研究，将其构成要素分为三个层面：课前内容传达、课堂活动组织、课后效果评价。

（一）课前内容传达

在翻转课堂模式中，其教学的基础在于课前内容的有效传达。目前，我国翻转课堂模式往往采用教学视频与纸质学习材料两种形式来传达教学内容。其中，教学视频被认为是最基本的形式。对于教学视频的来源主要有两种途径。

1. 运用现有的教学视频

运用现有的教学视频是教师进行翻转课堂教学的最佳选择。这主要有两方面的原因：一是由于教师的教学任务非常繁重，因此并没有多余的时间来制作新的视频。二是教师在面对视频录制仪器时，往往比较紧张，会严重影响教学效果和进程。可见，如果教师可以从网上找到现成的教学视频，那么必然会节省教师的时间和精力，而且网上的教学视频资源非常丰富，教师只需下载就可以使用。

2. 制作新的教学视频

教师除了运用现有视频，还可以进行录制。当然，这需要教师有充裕的时间和精力，他们可以运用电脑、录音软件、麦克风、手写板等进行制作。

（1）教师可以使用录屏软件对电脑操作轨迹及幻灯片演示轨迹进行捕捉。

（2）教师可以利用麦克风进行录制。

（3）教师可以运用手写板对书本上的书写效果进行提升。

（4）教师可以利用音频编辑软件对录制的声音进行加工。

另外，教师还需要关注画面质量、制作的视频应尽量短小。这是因为当前的社会生活、工作学习节奏快，如果视频过长，那么难免会引起学生的厌烦；相反，如果视频简短，则能充分激发学生的兴趣，引起学生的积极响应。

（二）课堂活动组织

教师在组织课堂活动过程中，需要注意以下几个层面。

首先，对于高校英语教学而言，导读类课程比较适合翻转课堂教学，这类课适宜程通过网络多媒体展开。在课下，学生按照教师的安排习得内容；在课堂上，教师解释重难点问题，进而通过网络多媒体进行在线测试。完成测试后，学生可以即时获取网络背景知识和学习资源，同时还能与自己之前的测试结果进行比对，从而加深自己的知识。

其次，英语课程涉及语言与文化两大因素，教师在安排学生的学习时，需要从初级认知的识记理解开始，逐步转向高级的综合应用，完成一系列的递增过程。同时，教师在安排学生学习时还需要组织与此相适应的学习活动，在学生固有知识的基础上加深其对不同文化知识的理解和掌握。

最后，在合作学习的基础上结合个体学习，因为个体学习有助于学生充分领会和识记。

（三）课后效果评价

在翻转课堂教学模式中，教师需要重视课后效果评价。翻转课堂模式常采用个性化学习测试，依靠的是教师与学生在接触的过程中形成的评价。也就是说，教师需要依据自身经验，判断学生的知识掌握程度。这种即时的评价有利于纠正学生对知识的误解，且能够根据不同学生的差异，为他们提出合理化的建议和指导。但是，由于翻转课堂兴起时间较短，其评价与测试形式并不完善。因此，翻转课堂模式的学习评价主要是要求教师与学生之间进行及时交流与沟通，并根据学生的不同个性特征来加以引导。另外，教师还需要提供更多渠道为学生展示学习成果，让学生建立起足够的成就感和自信心，使他们学习更有动力。

三、翻转课堂模式的优势

通过翻转课堂模式的定义可知，该模式是对传统教学模式的颠覆。具体而言，翻转课堂模式有以下五个方面的优势。

（一）有助于学习者安排学习时间

翻转课堂模式有助于学习者安排学习时间，尤其是即将毕业的大学生，他们需要在实习工作上花费很多时间，因此并没有充足的时间用于课堂学习。这些学生需要的是能够迅速传达知识的课程，让他们在闲暇时间学习知识。

对于这些学生来说，翻转课堂模式是非常适合的，有利于他们自己安排学习时间。

（二）有助于师生展开课堂互动

与传统课堂教学模式相比，翻转课堂模式改变了师生之间的相处方式，教师与学生之间逐渐形成了一对一的交流。如果学生对某一知识点存在疑问，那么教师可以将这些学生集中起来，对他们进行特别指导。另外，在翻转课堂上，学生与教师会展开大量的互动，教师不再是知识的唯一来源。

（三）有助于差生进行反复学习

在传统教学课堂中，教师将更多关注放在成绩优秀的学生身上。这是因为，在老师的眼中这些学生可以根上教师的教学节奏，且愿意积极主动地参与到教师的教学中。但是，除了这些成绩优秀的学生外，其他英语水平较差的学生往往是被动听课，甚至很难跟上教师的节奏。对于这种情况，翻转课堂有助于帮助这些水平差的学生。在翻转课堂上，学生可以随时对视频进行暂停或重放，直到自己理解和明白为止。另外，翻转课堂模式还可以节省教师的大量时间，让教师将更多精力投注于成绩不好的学生身上。

（四）有助于学习者实施个性化学习

众所周知，各大高校的学生来自不同地区，其自身发展水平也存在差异，尤其是兴趣爱好和学习能力等。虽然当代的教学研究注意到了这一问题，但是传统教学模式很难实现分层教学，而翻转课堂教学模式恰好解决了这一问题。翻转课堂模式根据学生的兴趣、能力等展开教学，使每位学生能够从自己的进度出发来进行学习。

（五）有助于课堂管理的人性化

在传统课堂教学中，教师为了帮助学生获取知识，需要密切关注学生的注意力和课堂的纪律问题。这是因为，如果学生被某些事情影响了心情，那么必然会影响他们学习的进度。但是，在翻转课堂中，这一问题是不存在的。

首先，翻转课堂模式将学习的主动权归还给学生。如前所述，翻转课堂模式是对师生间、生生间互动关系的强化，让学生最大限度上发挥了观能动性，即学生掌握了主动权。虽然传统课堂中教师也会辅导学生，但由于受传统理念的影响，教学活动仍侧重于讲授，学生完全没有占据主体地位。在翻转课堂中，学生首先根据教师提供的资源进行自主学习，然后在课堂上与教师展开讨论，深化自己的知识。

其次，翻转课堂模式扭转了传统教学模式下学生的学习观念和学习态度。翻转课堂中的学习内容是根据学生的需要、兴趣来定位的。在总体学习目标下，学生通过教师提供的学习途径、学习材料完成知识建构，提升自身的知识水平。

再次，翻转课堂使学生对教师的依赖性降低。这是因为翻转课堂中知识的习得置于最前的位置，学生的自主性逐渐提高，有效淡化了学生对教师的依赖。在自主学习中，学生不得不将自己获取帮助的想法转向其他同学，经过一段时间，学生便形成一种主动接收学习知识的习惯，与其他同学进行探讨和交流，这样不仅可以提升学生的知识水平，还能提升他们的人际交往水平。

四、翻转课堂模式的实施方法

课程内容形成了多种教学流程。具体而言，涉及以下两大层面。

（一）进行课前安排

在课前安排方面，教师要为学生准备充足的学习资料，如电子教材、外语参考书籍、国内外相关外语专题网址及微视频教程等。

1. 电子教材的设计

在电子教材的设计上，应该注重其完整性，也就是说，纸质教材的内容及附加的包含音频、录像、解释材料等在内的内容应包含在电子教材中。此外，还有语料库数据、相关网站等资料，可以链接形式注入电子教材中，便于教师和学生使用。

电子教材除了设计上要保证完整性，还需要遵循一些次要原则。

（1）模态协作化原则

由于电子教材的设计涉及多模态形式，在运用多模态时需要考虑几个因素：一是现有的设备条件是否适合使用多模态，能否为教师留有选择的空间。二是运用多模态能否产生正面效应，其教学效果如何。三是考虑多模态的运用是否会出现冗余，避免产生浪费。四是多模态形式是否能够进行强化和互补。

（2）模态分配分类化原则

模态分配分类化是指根据不同的教学条件和教学对象来分配不同的模态组合。著名学者陈敏瑜在对多模态进行研究时发现，大学教材中的绘图大多为纲要式或者抽象式，而小学教材多为漫画式，这就说明教材的编写是根据学生的认知能力和基础知识界定的。因此，在设计电子教材时，同样需要考虑学生的认知能力和知识水平，如文科生适合形象化的模态，而理科生适合抽象化的模态。

（3）超文本化

在电子教材中，教学材料是主语篇，而提供背景、解释、练习材料的是小语篇，二者通过不同层次的方式构成一个相对复杂的语篇网络。

（4）个性化

电子教材设计的个性化是从学生的个性特点出发来组织教学。由于学生的起点不同，其使用的模态也必然不一样。为学生提供多种可供选择的教学模态，有助于提升学生的学习兴趣，避免出现“一刀切”的情况。

（5）协作化

在多模态学习的环境下，学生之间要进行协作，以小组的形式来完成学习任务，实现学习目标，进而提升整个小组成员的知识水平。

（6）模块化

所谓模块化，是指电子教材的设计以阶段性目标为核心，根据这一目标为学生设计教材，并在此基础上设计完成任务和目标的措施和方法，指导学生根据步骤来学习，为实现自己的目标努力。

2. 微视频的设计

微视频是当前翻转课堂模式常用的学习资源，具有很强的针对性。在课堂开始之前，教师可以根据课堂学习目标准备两个或三个微视频，一个微视频仅介绍一个知识点就可以，如果介绍的内容太多，那么就会影响学生的理解和学习。对于微视频的设计，教师需要注意以下几个方面。

（1）英语教学视频的视觉效果、互动性、时间长度等都会对学生的知识习得产生影响。在微视频中，教师要对学习内容进行合理设计，并设计课前练习的难度与数量等，以帮助学生将新旧知识结合起来。

（2）学生在课前学习过程中，可以利用网络多媒体软件等与其他学生进行交流与沟通，将自己在学习中的难题和疑问排除掉，促进学生彼此间的提高。

（3）在微视频的设计上，教师还需要考虑学生的适应性。刚接触视频时，学生很难集中自己的注意力，他们更专注于笔记的记录。为了改善这一局面，教师可以为学生构建视频副本，帮助学生解除后顾之忧，引导学生关注视频内容。

（4）在微视频的制作上，教师不仅需要对整体上的视觉效果进行把控，还需要突出学习的要点和主题，根据知识结构来设计活动，为学生构建内容丰富、形式新颖的平台，让学生对微视频学习产生更大的学习积极性。

（5）当微视频制作完成之后，教师可以将这些视频上传到网上，学生可以通过学校网络随时下载使用学习。

（6）当学生完成微视频的学习后，需要对自己的学习情况进行总结。如果遇到问题，可以将这些问题反馈给小组长，然后由小组长向教师汇报。

（二）展开课堂教学

在翻转课堂上，教学涵着五大步骤：合作探究、个性化指导、巩固练习、反馈评价以及课程总结。

1. 合作探究

首先，要合理进行分组。合作学习实际上就是小组学习。合作学习中组员之间的结构是十分重要的，因此，教师在分组时要注意各小组成员在能力水平、知识结构上的多样化。同时，各小组成员之间保持个性特点的均衡也有利于各个小组间进行竞争和学习。一般来说，各小组成员应该遵循“组间同质，组内异质”这一原则，保证小组成员具有不同层次的知识水平，提升小组内能力欠佳学生的积极性，加速任务的完成。另外，小组内的成员应该进行分工，即每一位成员在小组内都应该体现自己的作用，在完成任务的过程中能够积极地进行思考。

其次，进行策划和提出问题。小组合作的内容要具有操作性，即设置的问题能够进行讨论。在课堂开始之前，教师应该根据不同的学习内容和任务明确分组的原则，明确规定小组内每个成员的任务以及完成任务的时间。在合作学习中，教师处于引导者的地位，要为不同学习小组制订不同的学习任务，使各个小组之间能够相互合作、共同学习、共同进步。

最后，要合作实施，并对过程进行控制。小组合作学习并不是在任务开始时就要求一起完成任务。事实上在任务开始时，小组成员需要对任务进行研究和探讨，且各个成员，独立进行思考，通过独立思考来发展思维。之后，小组成员之间对思考的结果进行交流，发表自己的观点和看法，最后对各种信息和观点进行汇总，组合成一个一致的观点。当然，小组内还需要一个发言人，发言人需要将观点和看法向教师反馈。

2. 个性化指导

在个性化指导阶段，教师需要为各个小组解答问题。在合作探究中，不同小组会产生不同的问题，教师应该根据不同的问题进行个性化指导并解答问题，对于一些共性问题，则可以集中起来予以解答。

3. 巩固练习

在巩固练习阶段，在教师的个性化指导下，各个小组需要进行总结，并通过不断练习来加深印象，对重点、难点知识进行巩固。另外，这一阶段需要各个小组间的相互学习与交流，因此，要引导学生间贡献学习经验和知识。

4. 反馈评价

对小组合作学习情况的评价主要包含两个方面：一是对学习过程和结果进行评价，二是对小组及小组内成员进行评价。在对各学习小组进行评价时，教师需要将重心放在整个小组任务的完成情况上，而不是放在某一小组成员的成绩上。同时，教师还需要评价小组内成员参与的主动性、积极性，这样既可以为其他小组内的成员树立榜样，还可以激发小组内成员的热情，调动学生学习的积极性，防止学生产生依赖心理，更好地实现合作学习。

5. 课程总结

课程总结是合作探究的最后一步，各小组间将进行交流与信息沟通。教师应该给予小组内不同成员充分的支持，使各个小组都能够顺利地完成学习任务，实现既定目标。

总之，高校英语翻转课堂模式不仅是对课前预习效果的强化，更是对课堂学习效率的提升。对于教师来说，通过课堂活动设计来使学生知识内化是教师的重要任务，也是高校英语翻转课堂教学的目的。基于此，教师在设计课堂任务时应该对协作、情境等要点予以充分考虑，引导学生通过真实体验来实现知识内化。对于高校英语翻转课堂而言，学生展开学习的基础在于信息资源及技术工具的运用。

第二节　高校英语微课模式

随着网络多媒体技术的引入，人们的学习方式逐渐发生改变。在网络及“微时代”的双重影响下，微课模式已经悄然进入高校英语教学的领域，并成为人们探索新教学模式的一个重大突破口。可以说，微课是一种新的网络学习资源，并在国内迅速发展，成为基于网络多媒体的高校英语新教学模式。高校英语微课模式的定义、构成、优势及实施办法等成为当前研究的热点，下面对这几大方面展开分析和探讨。

一、微课模式的定义

从字面上来说，“微课”有如下三个层面的阐释。

（1）对于“课”这一概念，微课是“课”的一种，呈现的是一种短小的教学活动。

（2）对于“课程”这一概念，微课同样是有计划、有目标、有内容、有资源的。

（3）对于“教学资源”这一概念，微课具有丰富的教学资源，如数字化学习资源包、在线教学视频等。

通过，对其内涵进行挖掘可以发现，微课是一种具有单一目标、内容短小、结构良好、以微视频为载体的教学模式。微课的最初理念是通过正式或者非正式的学习方式，人们不断对短小、主题集中、与实践紧密结合的专业知识进行学习，从而提高学习效果，促进知识的内化。

在这一理念基础上，我国学者对微课模式展开了重点研究，很多学者提出了自己独到的见解。

黎加厚认为，“微课是时间在十分钟内，教学目标明确、内容短小，能够对某一问题集中说明的微小课程。”①

焦建利认为，“微课是以某一知识点为目标，其表现形式是短小精悍的在线视频，主要应用于教学和学习的一种在线教学视频。”②

胡铁生，黄明燕，李民认为，“微课又可以称为‘微型课程’，是建立在学科知识点的基础上，构建和生成的新型网络课程资源。微课以‘微视频’作为核心，包含很多与教学配套的扩展性或支持性资源，如‘微练习’‘微教案’‘微反思’‘微课件’等，从而形成了一个网页化、半结构化、情境化、开放性的交互教学应用环境和资源动态生成环境。”③

① 黎加厚主编.:《新教育目标分类学概》，上海教育出版社，2010年版。

②焦建利:《 教育技术学专业英语》,叶力汉主编,贾义敏,曾艳副主编,高等教育出版社,2005年版。

③胡铁生:“我国微课发展的三个阶段及其启示”《远程教育杂志》,黄明燕,李民,2013年版，第4期。

上述这些学者的概念具有针对性，并一定程度上反映出微课模式的基本特征，虽然具体内容存在某些差异，但是其理念和核心基本一致。涉及综合性问题，作者更倾向于胡铁生等人的定义。作者认为，微课从本质上是一种对教与学进行支持的新型课程资源，而且微课与其他与之匹配的课程要素共同构成了微课程。从这点来看，其属于课程论的范畴。当学生通过微课模式开展学习时，他们就是以微课作为媒介与教师产生交互活动，通过面对面辅导、在线讨论等进行直接交互，从而产生有意义的教学。

二、微课模式的构成

从微课的课程属性出发，微课需要具备四大课程要素：目标、内容、活动、交互和多媒体。

（一）目标

目标是指教师预期微课模式的适用教学阶段，以及期望教学所要达成的结果，主要包含以下两层含义。

（1）应用目的，即设计开发微课模式的原因。这与微课模式是在课前、课中还是课后运用有关。如为学生的课后练习提供指导而制作的相关练习讲解的微课。

（2）应用效果，即教师在使用微课模式后期望学生所能够解决的具体问题，如掌握某一体裁的英语写作方法、阅读理解题的解题技巧等。

一般来说，微课模式的目标是具体、明确、单一的，它对微课内容和应用模式的选择起着重要的指导作用。

（二）内容

微课内容是指为微课模式预期服务的，与特定学科相关的，有目的、有意义传递的信息与素材。也就是说，高校英语微课模式的内容是教师实现预期目标的信息载体。根据微课的目标，并结合学生的学习情况以及准备应用的教学阶段等教学实际来设计微课模式的内容。微课内容不同，教师对教学活动的设计也不一样。但是，由于微课时间很短，内容上往往具有主题明确、短小精悍、独立的特色，因此，需要教师对微课的内容进行精心地选取。

（三）活动

活动是主体与环境的相互作用过程，其中环境涉及主体本身、其他主体以及客体。这里所说的“教的活动”是指教师这一活动主体与特定微课内容这一客体之间的相互作用过程，通过这种相互作用，向学习微课的学生有效传递教学信息，以帮助学生对课程内容进行理解与思考。教的活动是实现微课目标的一种有效方法。从方法上来说，教的活动可以分为教师的演示、讲授、操作及其与其他主体间的互动等活动类型。

（四）交互和多媒体

要想完成微课中教的活动，教师必须要借助某些特定工具来保证学生能够正确理解微课内容的意义，从而实现学生与微课的相互交流。在微课模式中，这种工具主要包含以下两种。

（1）交互工具。学生进行微课学习，能够促进学生与微课间进行操作交互和信息交互。

（2）信息呈现工具——多媒体。多媒体能够更好地帮助教师对教学内容进行表达和解释，提高学生在进行微课学习时与学习资源间的交互有效性，如微课中课件、动画、图形、图像等的呈现。

总之，微课这四大因素是相互影响、相互关联的。通过对这几大要素的设计，将有助于构建结构化、数字化的课程资源。

三、微课模式的优势

从微课的定义与构成不难看出，微课与当前信息技术相适应，也与《高校英语教学指南》相适应，是一种新兴媒体在教学领域的运用。可以说，微课在高校英语教学中的优势非常明显。

（一）教学内容少

微课模式主要是对课堂教学中某一知识点教学的凸显，或者是对教学中某一环节或者某一主题活动的反映。与传统教学内容相比，高校英语微课教学内容精简，更符合教学的需要。

（二）教学时间短

一般来说，高校英语微课教学视频时长为 3~8 分钟，最长也不应超过 10 分钟。相比之下，传统课堂教学时间长，一般为 40~45 分钟。因此，微课常常被称为“微课例”或“课堂片段”。在当前的高校英语教学中，使用微课模式有助于针对教学难点开展教学，使学生能将注意力集中在教学的黄金时段，通过与教师的互动解决学习上的困惑。

（三）资源容量小

通常情况下，微课模式中的教学视频及配套资料的容量约为几十兆，容量一般比较小。在高校英语教学中，微课这一模式有助于教师与学生间流畅地展开交流。

（四）资源构成情境化

高校英语微课教学的内容通常具有鲜明的主题，且指向也完整、明确。教学视频片段是微课的主线，并以此对教学设计及其他教学资源进行统领，从而构筑成一个类型多样、主题凸显、结构紧凑的“主题单元资源包”，创造出一个真实的教学资源环境，这就使微课资源具有了视频教学案例的特点。这种真实、具体的情境不仅有助于学生提升自己的思维能力，还有助于提升教师的教学技能和学生的学业水平。

（五）反馈及时，针对性强

微课教学内容少、教学时间短，因以在短时间集中开展“互动式学习”活动，因此教师和学生都得以迅速获取反馈信息。此外，每一位学生都可以参与课前预演，相互学习，这在一定程度上减轻了教师的压力，保障英语教学活动顺利开展。

（六）成果简化，多样传播

由于微课教学内容主题鲜明，内容具体，因此其成果易于转化和传播。同时，微课教学时间短、容量小，因此其传播方式也是多种多样的，如网上视频传播、微博讨论传播等。

（七）主题鲜明，内容具体

微课课程的开展是建立在某一主题上的，其研究和探讨的问题也主要来自具体、真实的教学实践。

四、微课模式的实施办法

就当前的教学实践来说，微课模式有着重要的发展前景。虽然微课的设计是当前研究的重点课题，但是也不能忽视微课模式在教学实践中的应用。因此，下面就高校英语微课教学提出一些建议。

（一）建立微课学习平台

微课模式主要建立在视频这一载体上，同时还需要一些辅助模块，如微练习或互动答疑等，这些对于提高学生的学习兴趣、培养教师的信息化应用能力十分有益。其中，一个较为创新的方法是塔建微慕课平台，即利用微课模式展现出慕课模式的系统性和专业性。这一平台具有一定的知识含量，且具备结构灵活、系统性强、制作成本低等优点。

（二）提升微课录制技术

微课录制技术要尽可能地简单，使教师乐于录课，并能够快速上手和提升自己的微课录制技术。另外，微课的研究人员需要在网络多媒体技术上不断进行改进和发展，追求卓越，尽可能地使微课模式得到普及推广。

（三）加强资源开发，实现共建共享

当前的高校英语教学仍旧存在着教学资源不均衡的情况。微课的出现，使得优质的教学资源通过网络传送到全国高校中，从而实现资源共享。

第三节 高校英语慕课模式

在网络多媒体环境下，慕课模式以关联主义为基础，开展大规模地在线教学和学习。慕课模式的形成和发展并不是偶然的，而是在时代的发展和信息技术的进步基础上实现的。本节就来分析高校英语慕课模式。

一、慕课模式的定义

慕课是一种在线课程开放模式，是在传统发布资源、学习管理系统的基础上建立起来的课程模式，又称为“大型开放式网络课程”。慕课主要由具有协作精神与分享精神的个人所组织，他们将优异的课程上传到网络，可供需要的人下载和学习，目的是为了促进知识的传播和发展。

2012 年 9 月 20 日，维基百科对慕课进行了界定，即慕课是一种以开放访问、大规模参加作为目的的在线课程。慕课对应的英文是 MOOC，这四个字母分别有其代表的含义。

M（Massive）：代表参与这种开放性课程的人数多，规模大。

O（Open）：代表这一课程具有开放性，只要是想学习的人都可以参与其中。

O（Online）：代表这一课程学习的时间是非常灵活的，想学习的人可以自主选择。

C（Courses）：代表包含的课程种类众多。

二、慕课模式的优势

慕课模式应用于高校英语教学必然会引起重大的教学理念与教学方式的改变。也就是说，慕课模式对当前的高校英语教学意义重大。具体而言，慕课模式具有以下四点优势。

（一）提供能力培养平台

我国的高校英语教学虽然一直在不断变革，但是总体上还是将重心放在基础知识教学上。这种教学模式必然阻碍学生将英语教学与专业的结合，也就很难实现自己综合能力的提升。

受这一教学理念和教学背景的影响，很多学生忽视了英语的学习，并没有意识到英语这一工具的作用。慕课的出现能够为学生提供最新的发展评估和专业动向，有助于激发学生的学习动机和兴趣，促使学生提升自己的专业能力，解决英语教学与自己专业的问题。

（二）平衡不同学生水平

高校学生来自不同的地域，各地的教学水平存在差异，学生的学习能力和学习基础也高低不同。在统一的大班英语课堂上，教师很难实行一对一教学，只能从宏观上对学生进行指导。在这样的教育现实下，有些学生跟不上教学的进度，有些学生则不满足于当前的教学水平。

慕课模式通过开放性的网络平台，给学生提供了有针对性的教学，便于缓解教师教与学生学的矛盾。同时，该模式不受时空限制，既有利于促进基础好的学生进发展一步能力，也有利于基础差的学生巩固知识。

（三）形成语言使用环境

对于我国学生而言，英语是第二语言，缺乏语言学习的环境，导致学生在课堂上学到的知识很难在现实中应用。这很大程度上降低了学生学习英语的成就感，也对学生的语言能力提升十分不利。

慕课的出现能够为学生创设良好的语言学习环境，即学生可以接触到真实的语言应用环境，甚至可以与世界上其他国家的人们进行交流，这都有助于提升学生的听说能力。

（四）扩大学生知识储备

我国的高校英语教学主要是围绕课堂教学展开的，面对短暂的教学时间、繁重的课业压力，课堂教学很难给学生带来充足的知识。相比之下，慕课教学模式以网络为平台，向学生提供丰富的知识，方便学生进行提取，不仅扩大了学生的知识储备，还提高了学生的学习效率和学习兴趣。

三、慕课模式的实施办法

作为一种新兴的高校英语教学形式，慕课模式往往会通过以下几个步骤进行教学，即课程设置多样化、上课方式多样化、考核方式多样化、传统课堂与慕课结合。

（一）课程设置多样化

就当前的高校英语教学来说，慕课模式改变了传统教学模式单一的状况。就师资力量来说，传统的高校英语教师资源非常有限，所讲授的课程针对性也不明确。就教学材料来说，当前大多数高等院校使用上海外语教育出版社出版的《高校英语》《新世纪高校英语》、高等教育出版社出版的《大学体验英语》以及外语教学与研究出版社出版的《新视野高校英语》等，并没有采用与学生相适应的教材。就课程设置来说，虽然各大高校都设置了英语选修课，但是这些选修课大多是为英语四、六级考试设置的。对此，慕课教学模式根据学生的兴趣和需要来供应课程，大大提高了学生的学习兴趣，从而提升了学生学习英语的质量和效率。

（二）上课方式多样化

虽然我国各大高校都在推进高校英语教学改革，上课形式也不再单一，但是仍旧以教师讲授为中心，其中穿插的多媒体也只是一种辅助形式，只是教师板书的延伸。但是，在网络多媒体不断发展的背景下，慕课模式实现了上课方式的多样化，学生可以在校园任何地方坐在电脑前学习，或者手拿平板电脑进行学习。

（三）考核方式多样化

在网络多媒体教育环境下，高校英语慕课模式的关键在于考核方式的多样化。如果仅仅依靠传统的笔试或者论文式教学，那么就很难将学生的实际水平测试出来。在慕课模式下，考核方式的多样化主要涉及两点：一是探索个性化考核方式，即根据不同层次的考生设置不同的测试题目。二是探索开放性的考试方式。总之，无论是个性化考核方式，还是开放性考核方式，其前提都是为了激发学生的学习积极性和学习兴趣。

（四）传统课堂与慕课结合

前面已经介绍了慕课模式的优势，但是在发挥慕课模式的优势同时，还需要注意两点问题。

首先，高校英语慕课模式教学还有待完善，还需要对教师进行相关培训，还需要准备与之配套的教学硬件设备。

其次，对于大学生来说，他们自身水平存在差异，因此要想让不同层次的学生适应慕课模式，也需要很长一段时间。如果将所有的教学内容置于网上，那么那些本身自制力差的学生就更容易放弃，这当然是教师不愿意看到的。

因此，当前属于新旧交替时期，教师仍旧扮演着重要角色。首先，教师应该积极探索能够激发学生主动性和积极性的慕课课件。其次，教师需要对学生的基本情况有一个清晰的了解，保证慕课课件能够被大多数学生理解和把握。最后，教师还需要了解不同学生的自主学习能力，锻炼学生的心理素质，使他们尽快适应新兴的教学模式。

第六章　高校英语教学方法的实践应用研究

第一节　多模态的协同及在高校英语教学中的应用

当前导致高校英语教学效果不理想的因素众多，其中教学模态单一以及各个模态之间缺乏协调是学生不愿主动学习、高校英语课堂教学效率低的重要原因。在高校英语教学中应用多模态协同能够调动学生的听觉、视觉、触觉，通过图像、声音的引导，强化英语沟通能力，提升学生的英语素质。

一、多模态的协同

多模态是指运用多种构建意义的手段与符号资源，尽量将人的听觉、视觉、触觉等多重感觉同时结合起来开展信息传播与交际的行为。模态之间的关系是由具体语境与交际目的所决定的。通常来说，视觉模态以及听觉模态是人们交际过程中选择的主要模态形式，而嗅觉、触觉、味觉等为辅助型的交际模式。在实际沟通交往过程中，为了传递某种特定的含义，可以同时运用多个模态或实现多个模态之间的转换。模态选择的合理性取决于交际者利用媒介的能力以及多模态识别能力。长时间以来，高校英语教学都只关注英语词汇、句子、语法的知识点教学，教学方式与目标仅仅只是从单一的文字模态入手，鲜有融合非文字的模态形式来进行课堂教学活动。伴随着互联网技术与信息技术的发展，多模态以及多模态协同已经开始对高校英语课堂教学造成影响。多模态的协同教学，即教师在课堂教学过程中要运用多模态开展教学，课堂需要涵盖视觉模态、听力模态、口头模态、书面模态、体形模态等。在高校英语教学中多模态的协同就是利用互联网、多媒体技术等客观环境与条件，为高校英语教学提供语言与非语言的多模态语境。多模态协同在高校英语教学中应用的基本目标就是要提高学生运用英语开展多模态交际的能力，提高学生通过多媒体与多模态自主学习的能力，以满足社会发展与经济全球化对高素质人才的要求。

二、多模态的协同在高校英语教学中的作用

在高校英语教学中应用多模态协同能够起到以下作用：第一，融合语言模态和非语言模态，激发学生参与学习的积极性。多模态协同理论中的非语言模态能够在传递信息中发挥巨大的作用。非语言模态主要包括身体特征、教学环境、教学道具等。在多模态协同教学下，教师可以利用图片、音频、视频等方式对英语知识点进行多方位的全面分析。例如，在高校英语词汇教学中，教师可以播放含有需要学习词汇的英文歌曲或英文原声电影，以吸引学生的注意力，调动学生参与学习的积极性，使其强化对词汇的记忆。第二，实现学生多感官互动。多模态协同在高校英语教学中能够实现视觉与听觉的互动，调动学生的各个感官，从而生动地进行英语知识点的讲授。例如，在高校英语课堂中，教师可以通过有感情的语言以及丰富的肢体动作，配合背景音乐来渲染教学氛围，让英语课堂变得更加和谐、有趣，以激发学生学习英语的兴趣。

三、多模态的协同在高校英语教学中的应用

（一）课堂教学中应用多模态协同

第一，视觉模态与听觉模态的协同。高校英语课堂的布局是视觉模态，其明确了高校英语教学的环境，同时也明确了教师与学生在英语教学中的角色。在课堂中，学生的视觉对象包括教师、黑板、讲台，高校英语的教学过程主要为听觉模态。视觉模态决定了课堂布局以及教师在课堂中的地位，但视觉模态也只是听觉模态的辅助与基础。基于听觉模态分析，教师的话语权占据了课堂的主导地位，对于教师来说，学生是其进行话语教学的主要接受对象，这就对教师的话语质量有着较高的要求。因此，教师在高校英语课堂中的话语要精确清晰、语法正确、发音准确、速度合适。与此同时，教师在教学过程中声音的响度、语调的高低、重省的节奏都会对英语教学效果产生一定的影响。因此，听觉模态中的各个模态相互之间也需要进行配合，以达到强化口语模态的作用。教师在英语教学过程中也会通过变化视觉模态来强化口语模态，如运用手势来代表节奏，模拟所讲述的事物，运用表情的变化来突出知识点的重要程度等。

第二，文字模态与非文字模态的协同。高校英语阅读教学中主要以文字模态为主，指导学生重点掌握非文字模态，探索其与文字模态之间隐藏的内在关系，帮助学生赏析、鉴别文字模态的意义，提升学生对文字模态的敏感度。教师可以引导学生在阅读文章时对文章的标题、小标题、斜体字、标点符号等进行标记，对文章的重点信息进行定位。例如，阅读材料“Jack went to Fifth Avenue with Tom in New York in September 30th.”中出现多次大写

字母，大写字母通常表示地名与人名，在阅读过程中运用跳读的方式来掌握大意，则可以快速获取关键信息。又例如，教师在进行英语阅读教学过程中训练学生对非文字模态的语篇进行分析，向学生展示三幅不同的图片：第一幅是正在融化的冰川，第二幅是一望无垠、寸草不生的沙漠，第三幅是黑色的河流。要求学生分析这一组图画要传递什么意义，将学生引入生态环境保护的阅读话题，从而实现高校英语阅读教学中图片模态与文字模态的协同。

（二）师生互动中应用多模态协同

建构主义理论提出，学习过程是学生发挥主观能动性，主动学习、主动构建知识架构的过程。建构主义理论否定了传统高校英语课堂教学中教师灌输、学生被动接受的教学模式。教师与学生在课堂上的角色发生了变化，教师从知识的讲授者转变为了学生学习的引导者，也就是教师在课堂教学中扮演着引导者、组织者的角色，在学生发挥主观能动性构建知识结构时起辅作用。因此，高校英语教学中多模态协同的应用能够进一步深化建构主义理论，转变传统教学模式中学生被动学习的状态。多模态协同下的高校英语教学能够实现教学互动，将学生置于多模态协同的学习语境，从听觉、视觉、触觉等多方位的感官来提高学生运用英语开展交际的能力以及潜在的语用潜能，让学生能够在多模态协同的环境下主动学习。在高校英语课堂中，教师可以通过多媒体技术来支撑多模态协同的进行，实现教学与学习的互动，通过师生互动的方式来实现多模态协同教学的效果。师生互动是指在高校英语课堂中，教师与学生面对面进行的教学活动。在课堂教学中教师需要将知识点通过文字、图片、音频、视频的形式展现给学生，以吸引学生的注意力，使其更好地理解、接受知识点。与此同时，教师还会通过语言表述、手势动作、面部表情等方式与学生进行互动。例如，在讲解某一知识点的时候，如果学生露出疑问的表情，教师则能够通过视觉模态信息得知学生尚未理解，从而进行深入讲解或换个角度讲解。

（三）高校英语测试评价中应用多模态协同

在高校英语教学对英语“听、说、读、写、译”五项基础能力进行评价的过程中，可以运用基于多模态协同的评价方式。例如，在听力的测试评价中，教师可以预先准备好视听资源让学生在试卷上回答问题，也可以在课堂上进行对话，让学生进行梗概记录，同时调动学生的视觉、听觉系统，并且利用多模态之间的互补性来完成听力测验评价。在翻译的测试评价中，教师可以将笔译与口译结合起来，利用多媒体技术开展同声传译的翻译练习。对于口语的测试评价而言，当前口语的测试方式主要为问答与话题交流两种类型，无法充分展现英语表达的多模态，而利用多模态协同能够更加准确地对学生的英语口语水平进行评价。因此，口语测试过程中要表现出语言与伴语言的特点，充分体现语音、语调、符号在口语沟通交流过程中的应用。同时，还要展现非语言的表达，通过表情、手势、动作等与口语沟通相互配合，来对学生的综合口语水平进行测试评价。

多模态协同下的高校英语课堂教学能够改善当前高校英语教学中学生欠缺学习积极性，课堂教师与学生之间缺乏沟通，学生与学生之间缺乏沟通的现状。在高校英语课堂教学、师生互动以及测试评价中应用多模态协同，能提高高校英语教学的质量。多模态协同在高校英语教学中的应用能够让高校英语课堂变得更加和谐，能够让学生在积极参与课堂学习的过程中强化自主学习能力。

第二节 激励教学法在高校英语教学中的应用

一、激励学习法

（一）激励教学法的含义及其特点

激励就是激发和鼓励，是指通过影响人们的内在需求或动机，从而加强、引导和维持行为的活动或过程。激励的本质就是激发人的动机，激励教学法是指教师在教育教学过程中，借助一定的方式和手段，激发学生的学习动机，使其产生一种内在驱动力，诱发其积极参与学习的行为，并朝着期望的目标努力，从而提高课堂效率，促进教学任务顺利完成的过程，即通常所说的调动和发挥学生的积极性、主动性和参与性的过程。

美国心理学家威廉·詹姆斯有句名言：“人性最深刻的原则就是希望别人对自己加以赏识。”[①] 他还发现，一个没有受过激励的人仅能发挥其能力的 20%~30%，而当他受到激励后，其能力可以发挥 80%~90%。

（二）激励、动机及英语学习之间的关系

舒曼从神经生物学的角度证明，大脑对所接收到的刺激进行评价，从而引起学习者情感上的反应，并将这种刺激评价分为五个方面：刺激的新异性、吸引性、目标、可处理潜力及个体社会形象。舒曼认为，语言学习动机的强弱和性质是由这些刺激评价不同方面的排列与组合决定的。

钱伯斯另辟蹊径，从相反的方向探索外语学习者缺乏学习动机的原因。在对英国利兹地区的 191 名缺乏外语学习动机的九年级学生进行问卷调查后，

① 威廉·詹姆斯：《心理学原理 第 1 卷》，田平译，中国城市出版社，2003 年版。

发现了可能导致学生缺乏外语学习动机的10种原因。他认为，这些学生最需要的是对于他们学习成绩的肯定、奖赏及鼓励。换句话说，学生外语学习动机最直接的来源是外语教师对待他们的态度。

由此看来，激励在当今重视个性发展的教育中起着不可估量的作用。教师在课堂教学中的角色就像一个导演，他们既是知识的传授者、课堂教学的组织者、课堂活动的控制者，又要保持和学生平等的身份，是学生交际的合作者，是一堂成功的外语课的创造者，是帮助学生克服心理障碍、放下思想包袱的心理治疗者。

因此，动机、激励与英语学习是相辅相成、密不可分的。激励就是要通过各种有效手段，激发学生的学习动机，从而提高学习成绩。动机与学习成绩之间是典型的相辅相成的关系，较高的动机水平有助于取得较好的学习成绩，而较高的学习成绩也反过来有利于提升动机水平。

二、高校英语教学中运用激励教学法存在的问题

（一）激励教学法被边缘化

在目前的学校教育过程中，教师的工作内容被明确地规定为完成一定工作量的教学任务，因此，许多教师工作的重心在知识传授方面，而不是在学生培养方面。从教育激励的角度来看，多数教师只是在传授知识，而很少激励自己的学生。他们认为学生是否积极主动、富有热情地学习是学生自己的事情，多数教师把学生的学习看成是学生要尽的义务，就如同学生要遵守学校中的规章制度一样，是教师开展教学工作的当然前提，而没有认识到其实这个前提条件是需要教师在学生身上建构的，是教师育人工作的一个重要部

分。即使部分教师意识到对学生兴趣的培养是重要的，也不过是把它作为教学的方法而已，没有认识到培养学生对学习的兴趣比知识学习本身更重要。因此，激励教学法与教学相比是被边缘化了。

（二）教师的激励方法片面单调

教师偏重于激励优秀学生与后进学生，忽视一般学生；偏重于知识学习，忽视学生的情感与意志的发展；偏重于激励追求成功，忽视学生的心理健康；偏重于逻辑、语言智力，忽视其他种类的智力；偏重于引导学生遵守纪律，忽视学生的创新、求索；偏重于教师的个人喜好，忽视教育的应有规律与目的。

（三）激励教学法的作用没有得到充分发挥

教师职业的机械性加强，而育人角色在弱化。教师激励次数的有限、手法的片面与单调都使激励的效果非常有限。教师只看到学生知识与技能的掌握与否，而对学生的心灵塑造常常无动于衷，学生也常常感到教师是某一学科知识的代表，是知识的传授者，与教师之间缺少深入的、心灵上的沟通。学生求学过程中所遇到的教师可能有几十个，但是能在心灵发展过程中留下深刻印象的则不多。教育激励的缺乏常导致学生品质、人格、精神发展的不完善。

三、高校英语教学中有效运用激励教学法的建议

（一）增强运用激励教学法的意识

许多教师认为激励教学法只适用于中小学生，对大学生的效果不明显。事实上，大学生也需要激励。笔者曾尝试运用考试激励法，结果显示良好。

将学生的期末成绩分为两部分，平时成绩占 30%，期末成绩占 70%。课上通过考核学生对学过的单词和词组的记忆调动学生学习的积极性，结果发现有的学生开始晨读，这种情况前所未有。由此看来，激励教学法同样适用于大学生。

教学活动不论处于哪个环节，都离不开教师的主持、参与和引导，这就要求教师必须具备担当多种角色的综合能力。调查显示，在被问及影响英语学习动机的主要因素时，大多数学生将“教师”列为首位，他们认为英语教师的以下品质有助于激发他们的学习动机：精通英语；认真备课；授课生动有趣；热情幽默，考虑周到；对学生一视同仁；教法灵活，不拘一格；使学生参与到课堂活动中去；使学生充满自信。

因此，教师要从自我做起，努力钻研专业知识，认真备课，提高自身的综合素质。同时，教师要树立激励学生学习动机的意识，在激励理论的指导下，合理正确地运用激励教学法。

（二）有效运用激励教学法时应注意的因素

第一，激发自主性。对于命令，人们有一种天然的抵制心理，自主是人们与生俱来的需求。每个学生都希望有自我选择的自由，而不是被强制参与到自己不喜欢的活动中。因此，教学中教师应还给学生这一权利，使其自主地从事学习活动。《新编大学英语》这套教材就很有助于激发学生的学习自主性，因为这套教材中的每一个单元都有可让学生参与进来的话题。教师在使用这套教材组织课堂教学时，应当留出时间让学生对这些话题进行讨论，从而激发学生的学习自主性。

第二，鼓励自我实现。动机的缺乏很大程度上源于自信的缺乏。经过艰苦奋斗却屡屡失败的学生很难对学习产生兴趣。相反，如果能不时地体验成功，就会对自己的能力充满信心，参与学习活动的热情也就越高。每个学生都有正视自己能力的愿望，正是这种愿望赋予其克服困难的勇气和持之以恒的精神。让学生体验成功，肯定其学习的潜能，有助于激发学生的内在动机。在高校英语教学中，教师应该合理设置教学目标，让学生体验到“跳一跳就能摘到一颗葡萄”的快乐。如此，不时地体验成功有助于开发学生的学习潜能，从而激发学生的学习动机。

第三，建立平等的评价体系。在英语教学中，当学生尤其是学困生，在课堂上不能与教师配合，甚至文不对题，乱说一通时，一句鼓励的话或一个信任的眼神都可以帮助他们端正学习态度。相反，若教师对学生的评价采取“一把尺子”“一刀切”的办法，从一个方面对所有的学生进行等级的划分，就会使一些学生特别是学困生因得不到向确的评价而陷入更加困难的境地。在这种评价体系的支配下，一再失败的学生无法发现自己、激励自己，从而失去了追求成功的努力和信心。因此，在教学活动中要适应学生的起点，每一个学生都是不同的，对学生的评价应重激励、重发展、重能力。

第四，注重身体语言的应用。恰当地运用身体语言将收到“此时无声胜有声”的效果。教师的一个眼神、一个微笑能给课堂带来亲切、和谐的气氛，使学生迅速产生一种向上的、愉快的求知欲。学生战起来回答问题时，教师上身前倾，缩短彼此的距离，两眼平视学生周围一带以示诚意，使学生感觉到教师在关心他的话题，从而回答得更生动、更热情。当学生回答错误或由于紧张、害羞答不上来时，教师以期待、亲切的目光注视学生，面含微笑，轻轻点头以示鼓励，或微微摇头，暗示学生纠错，很快便能消除学生紧张的心理状态。学生成功地表达后，教师给予亲切的鼓励，将会使学生倍加振奋。

（三）掌握英语激励教学法的运用技巧

激励教学法有其自身的特点和思想理论体系。因此，除一般性教学技巧，还有一系列相对独特的教学技巧。激励教学法的教学技巧，比较零散。英语学习动机的外部激励因素主要包括以下几个方面：教师的素质及能力，学习者的学习成就，学生间的积极竞争，适当的表扬和诱导，良好的课堂氛围，竞赛及考试的过程和结果等。

第一，创造良好的学习环境，唤起学生的英语学习动机，激发学生学习的欲望。教师营造的课堂气氛极大地影响着学生的学习动机和学习态度。良好的英语学习氛围和环境是激发英语学习动机的外部条件。教师应在教学中创设一种使学生感到安全、宽容和有利于学生发展的学习气氛，对每个学生表现出真诚的关注，突出强调学习过程和学习任务的价值，而不要过分关注学习结果，使学生减少焦虑。教师可用英语说几句日常用语或讲一个风趣幽默的故事，以此来唤起学生学习的意识，使其自然地进入英语学习的环境中。这时，教师要有意识地进入“导师”和“助手”的角色，尊重学生的个性，实现民主教学，建立和谐、愉悦的师生情感。

第二，巧设情境，为学生创造成功的机会，给予学生成功的满足。英语学习和其他科目一样，要靠师生的共同努力，所以在英语教学中，不要忽视在课堂中还有这样的一个小群体，他们自觉性差、学习欠主动，又爱面子、怕说错，往往不敢开口。在教学中，笔者抓住这部分学生的心理特点后，决定帮助他们纠正这些不良习惯。首先帮他们养成开口的习惯，再由易而难，逐步增加课堂提问的难度。当他们回答问题有困难时，就为他们搭桥，比如让他们模仿他人练习，如果这部分学生有坐在前面的，就让后面的学生先答，依次向前，轮到他时也就会模仿别人开口了。这种变换形式的教学方法有力地促进了学困生也跟着开口、动脑，使他们自始至终都能全身心地投入学习，不知不觉地提高了他们的学习兴趣，帮助他们迈出走向成功的第一步。

第三，适当开展竞赛，提高学生学习的积极性。竞赛是激发学生学习动机、调动学生学习积极性的有效手段，因为竞赛能唤起学生的优越感和满足学生希望受他人承认、赞扬的心理需求。竞赛的形式可是个人之间的竞赛和集体之间的竞赛。通过竞赛，学生的好胜心和求知欲变得更加强烈，学习兴趣和克服困难的毅力会大大加强。多开展小组或班级等集体之间的竞赛，可促使学生互相帮助，为达到共同目标而努力，有助于培养学生的合作精神。

事实证明，在高校英语教学中，注意激励教学方法的运用，不仅可以激发学生的学习兴趣，还可以提高学生的自信心。学生的成功源于学生的信心，学生信心的形成往往源于教师的激励。所以，教师在教学中运用激励性评价有益于学生树立自信心，积极进取，在学习上取得新的成功。

第三节　高校英语多元互动教学模式的应用

在当今全球化的发展背景下，无论是在社会经济、科学技术领域还是在文化教育领域，传统的理念与方式都普遍受到了信息技术革命的冲击。随着信息技术的逐步发展，信息更新与知识迭代的速度不断加快。与之相应的，在高校英语教育教学领域中，高校英语的传统课堂教学模式已经无法完全适应信息时代的环境变化，高校英语课程改革的内在需求逐步凸显，社会对于外语复合型人才的综合语言运用能力也提出了更高的要求，高校英语的课堂教学模式改革势在必行，这也将是当前高等教育发展的重要任务之一。

高校英语课程的课程要求明确了高校英语是以外语教学理论为指导，以英语语言知识与应用技能、跨文化交际和学习策略为主要内容，并集多种教学模式和教学手段为一体的教学体系。课程要求还明确指出：各高等学校应充分利用现代信息技术，采用基于计算机和课堂的英语教学模式，改进以教师讲授为主的单一教学模式，新的教学模式应以现代信息技术特别是网络技术为支撑，使英语教育可以在一定程度上不受时间和地点的限制，朝着个性化和自主学习的方向发展。因此，高校英语的多模态互动教学将是高校英语课堂教学改革的主要方向。多模态互动教学指区别于传统的、单一的、静态的、以教师讲解课本的书面语言为主要内容的、以教师为主体的英语课堂教学模式，是一种综合运用多媒体与网络技术，开展视、听、说等动静结合，电子与书面结合的一种师生互动、生生互动的教学模式。

一、构建高校英语多模态互动教学模式的必要性

第一，多元化的高校英语课堂教学环境的需要。多元化的社会经济文化的发展需要具有高素质、高水准和较强的语言综合运用能力的人才。随着计算机与网络信息技术的日新月异，多媒体教学模式具有传统的书本教学所不具有的开放性、实时性等特征，强大的数据库具有比教师大脑更强大的知识、信息、资源储备，能更好地模拟语言场景，提供全方位的听、说、读、写、译的训练环境。多媒体教学平台能够充分运用网络资源，给学生提供极其丰富的符合课程背景的学习资源，打破了原有课堂的局限性。语言学习资源更丰富，获取方式更便捷，资源的流动更开放、更自由。同时，语言学习可以较少受到时间、地点、环境的限制，可以单次也可以反复多次学习。同时，教师与学生的沟通方式也发生了深刻的变化，沟通不再局限于课堂和办公室，可以是线上、线下相结合，教学交流、作业提交可以通过邮件、QQ或其他

聊天软件及相关的教学软件平台来实现。这种立体化的交互方式极大地补充了原有传统课堂教学的不足，为多模态互动教学模式的开展提供了可能。

第二，教师与学生课堂角色重新分配的需要。传统的以教师为中心的教学模式已经无法满足高校英语教学的需要。在高校英语的课堂教学中，知识传授已经不占主导地位，而学生的自我学习能力的提升和英语实际应用能力的培养则是高校英语教学的重要任务。在这一转变的过程中，教师需要在高校英语课堂教学中树立以学生为中心的观念，学生的自我学习能力和英语运用能力培养的模拟环境才得以构建。教师通过设定课堂活动的内容与主题，为学生提供英语交流的实践平台，在这一过程中教师担任着课堂活动的组织者与评估者的角色，通过不断激发学生自主学习的积极性，发挥学生的主观能动性，得以完成以学生为中心的课堂建设。只有充分激发学生的学习兴趣，唤醒学生的学习意识和独立思维，鼓励学生发展个性，展现自我，发掘潜能，为学生提供全面充分的课堂实践机会，才能使高校英语教学的课堂摆脱单调和枯燥的局面。兴趣是学习最好的老师，学生无论是被新颖的教学方式吸引还是被独特的教学内容吸引，都会极大地提升教与学的良性互动，有利于学生更好地掌握与吸收所学的知识，并能在兴趣的引导下，主动积极地进行相关的自我探索式的学习，从而有利于培养学生的英语综合运用能力和创新思维能力。

第三，过程式教学评价模式发展的需要。多模态的互动教学模式为对学生进行立体式的多元化的教学评价提供了可能。教学评价是教学活动中非常重要的环节，有助于学生及时了解和掌握自身的学习状况，调整自己的学习进度和学习方式。以往的传统教学模式基本通过纸质的试卷与练习尤其是期中、期末的测试完成教学评价工作，这种评价模式缺点是评价标准单一、滞后。高校英语的实际运用能力的培养近年来不断受到社会各界的高度关注与重视，而如何在教学中真正实现对学生语言运用能力的培养和提升是大家普遍关注的问题。课堂的综合性、过程性评价在一定程度上为教师考查与评价学生语言实际运用能力提供了一个平台和一种尺度，能够更为全面、公平、客观、综合地评价学生在整个学习阶段在教学活动中的参与度、与小组成员的配合度、课外拓展学习的自觉性和在课堂展示中的实际表现情况，从而真正提高英语实际运用的能力训练。

二、高校英语多模态互动教学模式的应用

（一）教学活动设计

教学活动的设计是有效开展多模态互动教学的关键。在多模态互动教学模式中，教师不仅是传统意义上的知识的讲解者，更是整体教学活动的设计者、组织者、评估者，因此，在学期初期，教师就应仔细分析教学大纲和教材，明确教学目标，结合教学目标规划并设计该学期的教学任务。学期课程开始时，任课教师应就本学期的课程要求、重点任务安排、考核内容及要求、学生小组的分组与安排以及多媒体课件、教学软件平台运用、作业提交、师生线上交流方式等内容与学生进行充分沟通，使学生了解多媒体互动教学模式的过程化评价特征，强调生生协作与师生互动的交流与学习模式，以便提高学生对学期课程学习方式的总体把握，提高课程任务的主动参与度。

（二）单元主题导入

高校英语教材内容综合了听、说、读、写、译等各方面的语言要求。因此，在进行多模态互动教学的实践中应结合各单元主题设计有针对性的教学

活动，这对于较好地开展高校英语课堂的多模态互动教学具有非常重要的意义。除培养学生的英语综合应用能力、发展学生的自主学习能力，提高学生的文化素养依然是高校英语教学的一个重要教学目标，高校英语教学的“人文性”特征不可忽视。以《全新版大学英语》系列为例，教材中已包含了高校英语通识教育的内容，对学生在成长阶段所需要学习和思考的主要议题都有所选取，如“全球化与跨文化交流、环境保护与可持续发展、科技创新与未来生活、人工智能与伦理道德、数字时代的隐私与安全”等都以单元的形式呈现出来。教师可以在充分利用教材的同时，围绕主题挖掘相关的视、听、说、读材料，在语言输入环节进行同主题多维度多形式的导入，使学生沉浸在充于主题相关的语境中。通过教师指导阅读和文本分析，学生熟悉相关的词汇与表达方式，了解有关的信息与不同的见解，激发学生的想象力，为学生提供多维度的思考方向。

（三）小组讨论及活动准备

这一环节以课内与课外相结合的形式展开。教师在主题导入后，结合主题，提出讨论议题，可结合课文内容及拓展材料，要求学生进行阅读、描述、总结、讨论等学习活动。学生以小组为单位，进行分组讨论及活动展示准备。展示的形式多种多样，可以是小组讨论汇报，可以是个人观点陈述或演讲，可以是课堂组队辩论，也可以是 PPT 论题阐述及课堂展示。在讨论及课堂展示的准备阶段，教师可就话题预设各种细节型及思辨型议题，引导学生进行多维度的思考，拓展学生的思维空间。教师需要结合课堂活动的展示形式及要求给予学生具体的指导并解答学生的疑问。教师也需要引导学生在小组内部分工的基础上，在课后对相关议题进行资料收集和整理，相互切磋讨论，最终形成综合性报告。

（四）教学活动展示与评价

教学活动展示与评价是判定教学活动设计是否合理及学生能否充分理解并运用所掌握的信息与材料就相关议题形成思辨型独立见解的关键。学生可以进行小组讨论意见的总结、作品的表演、PPT的展示等，在这一过程中，学生的综合能力得到了集中展现。学生通过相互观摩，相互点评，形成良好的生生互动的气氛。在这一环节中，学生是课堂的主体，是课堂活动的主角，教师则更多的是组织者、协调者和评价者。但教师的评价依然非常重要，教师凭借长期的教学经验，善于观察并能指出学生在实践中的得失，鼓励并保护学生的参与热情，有针对性地提出可操作的改良方案。

高校英语多模态互动教学模式的应用尚处于摸索与实验阶段，但这一模式立足于当前网络时代的信息传输技术的快速发展，较好地构建了一个综合课堂内外、教师与学生、视听读写译等要素的立体交互式教学平台与模式，必将深刻影响未来高校英语教学的整体发展。这种模式的开放性、灵活性、互动性是原有的传统教学模式所不能比拟的，但这一模式对高校英语教师提出了比较高的要求。如何从教学主体逐步过渡到教学组织者、设计者与评估者，如何在突出单元主题的过程中提供多维度的有效资源，如何保证教学任务呈现的效果，这都极大地考验着教师的经验与智慧。教师在实际操作过程中应通过不断地创新与实践，去发掘适应不同学生的个性化的激励、引导、督促和评价方式。高校英语多模态互动教学模式培养了学生的语言综合运用能力协同合作能力和社会交往能力，为培养复合型的英语人才打下了扎实的基础，必将是高校英语教学课堂模式改革的主要方向。

第四节　英语新闻输入在高校英语教学中的应用

2007 年教育部办公厅发布的《大学英语课程教学要求》将大学阶段的英语教学要求划分为三个层次：一般要求、较高要求、更高要求。单就阅读理解能力来讲，要求能借助词典阅读本专业的英语教材和题材熟悉的英文报刊，掌握中心大意，理解主要事实和有关细节。2016 年，高校英语四级考试听力部分进行了局部调整，取消了短对话和短文听写，新增了短篇新闻听力。那么在高校英语学习过程中学生的英语新闻输入情况到底怎样？教师如何在高校英语教学中引导学生进行英语新闻的输入呢？

一、英语新闻输入问卷调查数据分析

此次问卷调查主要包括英语新闻阅读习惯、英语新闻阅读目的和效果、英语新闻阅读兴趣、英语新闻阅读途径和来源、英语新闻输入的必要性、英语新闻阅读障碍和需要的帮助等方面。调查对象为西北大学 2016 级财务管理专业两个班的学生。此次调查共收回问卷 110 份，有效问卷 110 份，有效率为 100%。问卷共设计了 12 道题目，其中包括 11 道选择题和 1 道问答题。

英语新闻阅读习惯：“你有阅读英语新闻的习惯吗？”调查结果显示有阅读英语新闻习惯的有 26 人，没有阅读英语新闻习惯的有 84 人，分别占被调查者的 24% 和 76%。由此可见，学生的英语新闻阅读习惯还需要培养。

英语新闻阅读目的和效果：“你阅读英语新闻的目的是什么？”调查数据表明，学生阅读英语新闻的目的具有多样性，选择了“解时事新闻”、“扩大词汇量”、“了解不同文化，提高跨文化交际能力”、“完成课堂活动”、

“为四级英语听力考试做准备”的分别有 49 人、58 人、52 人、54 人和 60 人。有 55% 的学生阅读英语新闻是为四级英语听力考试做准备。对于“阅读英语新闻对你有哪方面的帮助”这一问题，认为有助于“了解时事新闻”、“扩大词汇量”、“了解不同文化，提高跨文化交际能力”、“提高四级英语听力水平”的分别有 4 人、6 人、2 人和 2 人，其他学生认为通过阅读英语新闻得到的帮助是多方面的，如认为可扩大词汇量的有 86 人，认为可提高四级英语听力水平的有 63 人。

英语新闻阅读兴趣：“你对哪方面的英语新闻感兴趣？”其中，对政治、体育、娱乐新闻感兴趣的分别有 1 人、1 人和 6 人。对于“在本学期的英语新闻输入活动中，你选择了哪方面的新闻报道”这一问题，学生选择的话题涵盖了各个领域，涉及政治、经济、文化、科技、体育、娱乐等。网络的普及和智能手机的应用使学生获取各个方面的新闻信息成为可能。

英语新闻阅读途径和来源：“你主要通过哪些途径阅读英语新闻？”问卷结果显示，有 107 名学生选择网络这一方式阅读英语新闻，占被调查者的 97%。对于“你经常阅读的有哪些英文报刊和网站”这一问题，有 60 名学生选择《中国日报》，占被调查者的 55%，这与课堂活动中学生获取英语新闻的来源是一致的。

英语新闻输入的必要性：“你觉得高校英语教学中英语新闻输入有必要吗？”有 106 名学生认为有必要，占被调查者的 96%。

英语新闻阅读障碍和需要的帮助：“在阅读英语新闻时，你遇到了哪些障碍？”调查数据表明学生在词汇、文化背景、新闻特点等方面都存在不同程度的问题，其中有 103 名学生认为在词汇方面有困难，有文化背景障碍的为 57 人，还有 27 人认为由于对新闻特点不太了解而造成英语新闻阅读障碍。

对于“在提高英语新闻阅读能力方面，你还需要哪些方面的努力？”这一问题，认为需要扩大词汇量的有 103 人，了解文化背景的有 64 人，了解英语新闻特点的有 60 人。

对于“在提高英语新闻阅读能力方面，你还需要什么样的帮助？”这一问题，根据调查数据统计，65% 的学生认为需要多方面的帮助，如教师的辅导、资料的获取、阅读环境的创设等，其中有 78 人认为需要创设阅读环境，74 人认为需提供资料的获取途径，47 人认为教师的辅导很重要。

二、英语新闻输入在高校英语教学中的应用

根据调查结果，笔者认为在高校英语教学中进行英语新闻输入是十分有必要的。首先，96% 的学生认为在高校英语教学中十分有必要进行英语新闻输入。阅读英语新闻有助于学生了解时事新闻、扩大词汇量、了解不同文化、提高跨文化交际能力、提高四级英语听力水平等。其次，学生在阅读英语新闻时会遇到不同的障碍并需要相应的帮助，教师在高校英语教学中对英语新闻特点等进行相应的讲解有助于学生更好地理解新闻内容，进而培养学生阅读英语新闻的习惯。最后，新闻涵盖各个方面，如政治、经济、军事、科技、体育、娱乐等，阅读英语新闻既能满足学生的不同需求和兴趣，又能拓宽学生的视野，提高学生的跨文化交际能力。

由调查数据可知，76% 的学生没有阅读英语新闻的习惯，所以，在高校英语课堂教学中增加英语新闻输入可使学生由最初的“被动”阅读转变为“主动”阅读，进而营造良好的英语新闻阅读氛围。在高校英语教学中，教师和学生可将自己感兴趣的或热点的新闻话题分享给班级同学进行讨论，教师应根据课程内容安排学生阅读相关英语新闻并进行总结和阐述。这一活动不仅

能够活跃课堂气氛，还能够增强学生阅读英语新闻的意识，加强英语新闻的输入。

在进行英语新闻阅读时，学生会遇到不同的障碍，尤其是英语新闻词汇的特点给学生造成了很大的困扰，这就需要教师及时给予指导和帮助。

为了提高学生阅读英语新闻的能力，使其更好地理解报道内容，教师对英语新闻标题的语法特征进行讲解也有一定的必要性。以《中国日报》中某些新闻标题为例，在时态的使用上，英语新闻标题中一般现在时的使用给读者一种“及时性”的感觉，在分词的使用上，动词现在分词的使用表示正在进行的动作，如 BYD buses making Liver pool greener 比亚迪公交车让利物浦更环保，Returned pand as adapting to new Sichuan home 回归大熊猫适应四川新家。

对英语新闻结构的了解有助于学生在阅读时把握重点，分清主次。倒金字塔结构是英语新闻写作中常用的一种结构，即按照重要性递减的顺序组织新闻内容。了解新闻结构的特点有助于学生理解整篇报道的内容，能够提高学生阅读英语新闻的自信心和效率。

《大学英语课程教学要求》对学生阅读英语新闻能力做了相关的规定，通过问卷调查我们却发现大部分同学没有阅读英语新闻的习惯。那么在高校英语教学中进行英语新闻输入就成为培养学生阅读习惯的关键组成部分。网络及智能手机的广泛应用使学生能够更方便地获取英语新闻材料。学校也可在图书馆，报刊阅览室提供纸质的英语新闻资料供学生阅读。通过课堂活动及教师的指导，相信学生能够克服障碍进行英语新闻阅读，并形成良好的阅读习惯。

第五节 启发式教学在高校英语教学中的应用

当今社会对大学生外语水平的要求越来越高，因此教师应该采用启发式教学法，让学生重拾英语学习的热情，提高学生的综合能力。本节列举了一些启发式教学法在高校英语教学中的应用实例，阐述了启发式教学法在高校英语教学中的意义。

高校英语教育应该注重全面提升学生的英语综合运用能力，提升学生的人文素养，适应时代的发展，培养具有国际视野的人才，从而实现工具性和人文性的统一。然而当今很多大学生选择将高校英语“边缘化”，他们往往不会花时间去学习英语，所以他们的英语语言使用能力较弱，因此，高校英语教师应该有针对性地提高学生的综合能力，培养他们的学习兴趣。

一、启发式教学法的内涵

启发式教学法指的并不是一种单纯的教学方法，而是一种教学理念和思想。教育部对于启发式教学的定义为：启发式教学发挥作用的手段是任课教师根据教学基本的内在规律在教学过程中持续有效地激发学生学习新知识的欲望，目的是使学生的思维活动一直处于主动的状态。布鲁纳认为，学习者不是被动地去接受知识，而应该主动地获取知识。因此，高校英语教师应该充分认识到每个学生的重要性，尊重学生，了解学生的心理，努力去营造一个轻松和谐的学习氛围。

二、启发式教学法的应用

（一）创设情境

教师在导入课文时，可把学生带入到课文中的情境中去，也可以在讲授的过程中，根据文章创设情境，使得学生能够更好地理解作者的意图。

例如，在讲授《新视野大学英语》（第三版）第二册第七单元的 *Text A* When honesty disappears 一文时，笔者就运用这种方法启发学生思考。在导入过程中，笔者给学生展示了几张情境图片，第一张是两件夹克衫，并向学生提问："If your friend has bought a jacket which you think is very ugly, and he asks you about your opinion, what will you say? Will you say directly that it is ugly? Or will you say that it looks just so-so? Or..."第二张图片的情境是"如果学生没有按时完成作业，他们会怎么做？"通过创设与学生生活息息相关的情境，启发学生思考自己身边的诚信现象，反思当今社会的诚信问题，从而使学生能够对课程内容产生更大的共鸣。这样不仅可以提高学生学习本节课的兴趣，还能够让他们对文章有更深刻的理解。

再比如，在讲授《新视野大学英语》（第三版）第四册第一单元的 *Love and logic* 一文时，当讲到两个人第一次约会的情形时，暂时先放下课文的内容，向学生提问："If you date a girl for the first time, what will you do and what will you say?"启发学生带入情境，想象如果自己是叙述者会怎样做，然后再与作者的行为做对比，从而引导学生分析作者的内心状态。

在使用启发式教学法给学生创设情境的时候，教师需要充分了解学生，了解他们的心理和生活状态，然后创造合适的情境，使他们能够真正地进入情境之中，从而启发他们认真深入地思考问题，对所学内容有更深刻的理解，产生自己的观点和想法。

（二）激发兴趣

平庸的老师讲授知识，好的老师会给学生解释知识，优秀的老师会给学生演示知识，而真正伟大的老师则会激发学生的学习兴趣，启迪学生自主学习。兴趣永远是学生最好的老师，没有兴趣的学习，难以产生长期的效果，因此，教师需要激发学生的学习兴趣，使他们从被动地接受知识变成真正地想要去学习，增强他们探索未知世界的能动力。教学过程中，教师可以利用学生的求知欲，在讲课过程中设置难度适当的悬念，启发学生主动去探索知识，可以利用学生对新鲜事物的好奇心，设置趣味性问题，启发学生主动去获取知识。

比如，在讲授《新视野大学英语》（第三版）第二册第三单元 *The Odyssey Years* 一文时，先给学生播放视频，让学生了解相关内容，启发学生思考："'奥德赛岁月'应该是一段什么样的岁月？"从而引导学生自己探索文章，理解"奥德赛岁月"的内涵。这样不仅能使学生自发地去学习文章中出现的生词和短语，丰富自己的词汇量，而且能使学生对于"奥德赛岁月"有更深刻地理解，这样在他们今后遭遇到"奥德赛岁月"的时候，就能够认清现实，看到事情的本质，找到自己应该做的事情，不至于迷失自我。

教师通过激发学生的学习兴趣，能够调动学生主动学习的内在动力，提高学生的学习能力，同时也能够启发学生的思维，加深学生的印象，让学生能够受益终身。

（三）讨论启发

所谓的讨论启发就是在教学过程中，将学生分组，设置一定的开放性问题，引导学生在组内大胆表达自己的想法，碰撞思想，分享经验，相互交流，积极地参与到课堂中。

例如，在讲授《新视野大学英语》（第三版）第四册第一单元 *Love and logic* 一文时，对于 fallacy（谬论）的探讨这一部分，笔者首先根据 fallacy 的定义，给学生解释什么是谬误，然后举出两个生活中常见的谬误的例子，之后将学生分组，每组四五个人，让学生在组内讨论，举出更多的生活中出现的谬论，最后每组派出一个代表给大家做汇报，全程用英文进行。在学生进行讨论的时候，笔者会在学生中间走动，适时提供一些帮助。在讨论法的启发下，学生之间彼此交流，研讨出很多很棒的例子。对于学生出现的一些语法错误，笔者也进行了纠正，在这一过程中，学生不仅提高了自己的英语表达能力，而且进一步明确了 fallacy 的含义，并且能够在今后的生活中去发现通常被人们忽视的谬论，更加理性地去看待事物。

通过讨论法启发学生学习，教师需要将学生要讨论的内容说清楚，讲明白，使学生带着明确的目的相互讨论，在讨论过程中，教师不仅要确保学生是在用英文讨论，还要给予相应的启发和帮助，扫清他们基本的语言障碍。讨论法的使用充分发挥了学生的主体作用，弱化了“教与学”的上下级关系，学生通过交流互相促进，不仅有助于构建一个活泼和谐的课堂气氛，还能够提高学生学习的动力，使他们能够自然地掌握知识和能力，将所学到的东西内化于心。

（四）开放式作业

课后练习是教学过程中的一个重要环节，学生需要在课后花费一定的时间和精力去巩固知识，拓展知识面。启发式教学要求教师不应拘泥于传统的教学方式，不应仅仅是课后让学生背单词、做题，而是应该采取更多样的方式，让学生对课后作业不那么反感。教师可布置一些合作式作业以及实践性较强的作业，让学生去完成，避免学生认为学英语就是机械地记忆。

例如，《新视野大学英语》（第三版）第二册第一单元《难忘的一课》一文主要表达的是学生学不好英语的原因不仅仅在于学生自身，更在于他所处的环境以及教师的教学方法等，文中列举了一些常出现的简单低级的单词错误、语法错误等。针对这一点，教师可让学生在课后自己搜集常见的翻译错误，这样不仅能提高学生的英语水平，还能够培养学生观察生活的习惯，成为一个细心的人。第二册第四单元 *College sweetheart* 一文，主要讲述的是作者在大学时期甜蜜的爱情故事。笔者在布置课后作业时就让学生以小组为单位，每组自编自演一个十分钟左右的英文爱情短剧，让每个学生都参与到创作过程中去，收到了很好的教学反馈。

又如，在《新视野大学英语》（第三版）第一册第六单元 *To work or not to work* 一文中，作者列举了当今美国大学生对于在读书期间是否选择兼职工作这一问题上的选择及其原因，简单分析了美国大学生的生活现状。根据这一内容，笔者启发学生就这一话题分组在课下采用问卷等方式对身边的中国大学生进行调研，并形成一个系统的调查报告。虽然最后学生做出来的报告相对粗糙，但这也在一定程度上提升了他们的学术思维能力。

三、启发式教学的意义

启发式教学打破了传统教学中单纯的“教与学”的模式，教师不再是课堂上的“独唱者”，而是形成了以学生为主体的教学模式。启发式教学法能够让学生产生对英语的学习兴趣，从而增强学生主动获取知识的欲望。此外，启发式教学法还能够提高学生自主学习的能力、创新能力以及学术科研能力，培养学生的批判性思维。

参考文献

[1] 李娜 . 高校英语教育趋势分析与模式改进——评《高校英语教育教学理论与实践研究》[J]. 中国教育学刊 , 2023, (12): 132.

[2] 沈静 . 动态评价理论在高校英语阅读教学中的实践探究 [J]. 教育教学论坛 , 2023, (45): 157-160.

[3] 王琳 . 信息化时代高校英语教学融合思政教育发展探究——评《高校英语思政教育理论与实践》[J]. 外语电化教学 , 2023, (04): 111.

[4] 王惠丽 . 高等学校英语教学中课外活动的设计与组织探讨 [J]. 海外英语 , 2023, (11): 91-93.

[5] 左苗苗 . 基于翻译教学理论研究的翻译实践：启发与反思——评《高校英语翻译教学理论与实践探究》[J]. 中国教育学刊 , 2023, (06): 128.

[6] 都鸣晖 . 当代英语翻译教学理论及实践多角度探究——评《新时期英语翻译理论与实践的多维度研究》[J]. 外语电化教学 , 2023, (01): 104.

[7] 李玉玲 . 多元文化视域下高校英语教学理论与实践 [J]. 产业与科技论坛 , 2022, 21 (22): 199-200.

[8] 弥晓华 . 高校英语教育趋势分析与模式改进——评《高校英语教育教学理论与实践研究》[J]. 中国教育学刊 , 2022, (11): 116.

[9] 王雪纯 , 刘洋洋 . 师生交往关键事件的反思与重构——以高校英语教师为研究案例 [J]. 邵阳学院学报 (社会科学版), 2022, 21 (05): 94-99.

[10] 李恩庆 . 英语翻译教学理论与实践探析——评《高校英语翻译教学研究》[J]. 中国高校科技 , 2022, (06): 107.

[11] 马影 . 应用型本科高校旅游类课程混合教学设计与创新 [J]. 湖北开放职业学院学报 , 2022, 35 (09): 9-11.

[12] 李欣 . 新时代高校英语教育教学创新与实践 [J]. 食品研究与开发 , 2022, 43 (06): 233.

[13] 谢宝清 . 高校英语教育教学的多元化发展研究——评《高校英语教育教学理论与实践研究》[J]. 科技管理研究 , 2022, 42 (04): 246.

[14] 李昂 . 基于建构主义理论的应用型本科高校商务英语课程实训教学探索与实践 [J]. 英语广场 , 2021, (33): 107-109.

[15] 高莉 . 高校英语教学中多元文化教育的实施途径——评《高校英语教育教学理论与实践研究》[J]. 热带作物学报 , 2021, 42 (11): 3386.

[16] 田佳 . 多元文化教育在英语教学中的实施途径——评《高校英语教育教学理论与实践研究》[J]. 中国高校科技 , 2021, (10): 103.

[17] 刘彬 . 当代高校大学生英语写作教育教学研究——评《当代英语写作教学理论与实践探究》[J]. 科技管理研究 , 2021, 41 (19): 218.

[18] 朱锦霞 , 朱长贵 . 多元文化视域下高校英语教育教学探索——评《高校英语教育教学理论与实践研究》[J]. 热带作物学报 , 2021, 42 (09): 2845-2846.

[19] 席敬 . 功能翻译理论下的高校英语教学策略——评《翻译学导论——理论与实践》[J]. 中国教育学刊 , 2021, (08): 115.

[20] 刘文娣 . 信息科技时代高校专门用途英语课程构建的困境与出路探究——评《专门用途英语教学研究：理论与实践》[J]. 人民长江 , 2021, 52 (07): 234.

[21] 郭真 . 基于多模态理论的高校英语教学实践路径研究 [J]. 大学 (研究版),

2021, (15): 146-148.

[22] 弥沙 , 何楠 . 新媒体时代高校英语教育教学创新与实践 [J]. 食品研究与开发 , 2021, 42 (03): 235.

[23] 李巍 . 应用语言学理论下的学生英语应用实践——评《应用语言学理论视阈下高校英语教学实践研究》[J]. 中国教育学刊 , 2021, (01): 126.

[24] 刘彬 . 多元化背景下高校英语教学改革理论与实践探索——评《高校英语教育教学理论与实践研究》[J]. 高教探索 , 2020, (09): 132.

[25] 黄珍 . 新媒体环境下高校英语阅读教学探索——评《高校英语教育教学理论与实践研究》[J]. 高教探索 , 2020, (09): 133.

[26] 陈静学 . 茶文化对高校英语翻译理论与实践教学改革的影响 [J]. 福建茶叶 , 2020, 42 (08): 178-179.

[27] 吴莉 . 多元文化视域下高校英语教育教学实践 [J]. 现代英语 , 2020, (16): 93-95.

[28] 郭鸿雁 , 周震 . 新时代外语教学改革 [M]. 银川：宁夏人民教育出版社 : 2020.

[29] 李绍鹏 . 动态系统理论视角下的二语写作发展研究 [M]. 上海：上海外语教育出版社 : 2019.

[30] 李晓燕 . 高职院校英语校本教学的理论与实践研究 [D]. 安徽师范大学 , 2005.